Inhaltsverzeichnis

1 Einleitung...8

2 Anamnesen und psychopathologischer Befund...................10

  2.1   Bewusstseinsstörungen..10

    2.1.1   Quantitative Bewusstseinsstörung......................10

    2.1.2   Qualitative Bewusstseinsstörung 10

  2.2   Orientierungsstörungen 11

  2.3   Auffassungs-, Konzentrations- und Gedächtnisstörungen 12

    2.3.1   Auffassungsstörungen 12

    2.3.2   Gedächtnisstörungen 12

  2.4   Formale Denkstörungen...13

  2.5   Zwänge, Phobien, Ängste 14

    2.5.1   Formen 14

  2.6   Wahn 15

    2.6.1   Wahnformen 15

    2.6.2   Wahnthemen...15

  2.7   Sinnestäuschungen und Halluzinationen 16

2.7.1   Halluzinationen...16

2.7.2   Sinnestäuschungen...17

2.8   Ich-Störungen..17

2.8.1   Formen der Ich-Störung..................................17

2.9   Störungen des Antriebs und der Psychomotorik..........19

2.9.1   Formen der Antriebs- und psychomotorischen Störungen...19

2.10   Störungen der Affektivität................................20

2.10.1   Formen der Affektstörungen..............................20

2.11   Störungen der Intelligenz.................................21

2.11.1   Formen der Intelligenzstörung...........................21

3   Abgrenzung Psychose / Neurose...........................22

3.1   Die Neurose...22

3.1.1   Entstehung der Neurose....................................23

3.1.2   Einteilung der Neurose.....................................23

3.1.3   Symptome...24

3.2   Die Psychose..24

3.2.1   Einteilung der Psychose....................................25

3.2.2   Symptome...25

4   Suizidalität..26

4.1   Ursachen: 26

4.2   Verlauf und Symptome: 27

4.3   Diagnostik: 27

4.4   Formen: 28

4.5   Risikofaktoren: 28

4.6   Stadien (präsuizidales Syndrom nach E. Ringel): 29

4.7   Suizidales Achsensyndrom nach Mitterauer: 29

4.8   Die Stadien der suizidalen Entwicklung nach Pöldinger:...
....30

4.9   Therapie nach Suizidversuchen: 30

4.10   Interventionsstrategien nach Dorrmann: 31

4.11   Gefahren im Umgang mit Suizidgefährdeten nach Kulessa:
....32

5   Depression 33

5.1   Ursachen: 33

5.2   Symptome: 34

5.3   Diagnosekriterien nach ICD-10: 34

5.4   Merkmale des somatischen Syndroms: 36

5.5   Wahn bei Depression: 36

5.6   Formen: 36

5.7   Abgrenzung endogene Depression vs. neurotische Depression 38

5.8   Therapie: 39

5.9   Depressive Pseudodemenz: 40

6   Manie 41

6.1   Ursachen: 41

6.2   Symptome: 41

6.3   Formen: 42

6.4   Therapie: 42

7   Schizophrenie 43

7.1   Ursachen: 44

7.2   Symptome: 44

7.3   Formen: 47

7.4   Diagnose: 49

7.5   Diagnosekriterien nach ICD-10: 49

7.6   Differentialdiagnose 51

7.7   Verlauf und Prognose: 51

7.8   Therapie: 52

8   Missbrauch / Abhängigkeit 53

8.1   Alkoholmissbrauch: 54

8.1.1   Jellinek unterscheidet 5 Typen der Alkoholabhängigen:................................54

8.1.2   Symptome: 55

8.1.3   Verlauf nach Jellinek:.............................58

8.1.4   Diagnostik:...60

8.1.5   Therapie:..60

8.1.6   Prognose:...62

8.2   Drogen- und Medikamentenabhängigkeit: 62

8.2.1   Symptome: 65

8.2.2   Therapie:..68

8.2.3   Diagnosekriterien nach ICD-10:............................68

9   Formale Denkstörungen.......................................70

9.1   Formen: 70

10   Angststörungen 72

10.1   Symptome: 73

10.2   Formen: 74

10.3   Diagnostik:..76

10.4   Differenzialdiagnose:....................................76

10.5   Therapie: 77

10.6   Das Teufelskreis-Modell der Angst:...................80

11   Persönlichkeitsstörungen 80

11.1   Formen und Symptome: 81

11.2   Diagnostische Leitlinien 84

11.3   Diagnostik: 84

11.4   Differenzialdiagnose: 85

11.5   Verlauf und Prognose: 85

11.6   Therapie: 85

12   Posttraumatische Belastungsstörung (PTBS) 86

12.1   Ursachen: 86

12.2   Symptome 88

12.3   Diagnostische Leitlinien 89

12.4   Traumatypisierung 90

12.5   Therapie: 90

13   Psychosomatische Krankheiten „Holy seven" 91

14   Einweisung gegen den Willen 91

14.1   Unterbringung: 91

14.2   Betreuung: 93

14.3   Weitere gesetzliche Möglichkeiten einer Unterbringung: 94

15   Psychiatrische Notfälle 94

16   Das psychiatrische und psychotherapeutische Erstgespräch 99

16.1   Aufbau des psychiatrischen Erstgesprächs 99

16.2   Aufbau des psychotherapeutischen Erstgesprächs.....101

17   Nebenwirkungen der Psychotherapie............................101

18   Gesetzeskunde für den Heilpraktiker (Psy).....................103

18.1   Allgemeines 103

18.2   Einschränkungen des Heilpraktikers für Psychotherapie.. 104

18.3   Pflichten des Heilpraktikers für Psychotherapie 104

19   Weitere wichtige Dinge für die Prüfung..........................105

20   Quellenverzeichnis 110

1 Einleitung

Liebe Leserinnen, liebe Leser,

die Idee für dieses Buch entstand während meiner Ausbildung zur Heilpraktikerin für Psychotherapie. Auf der Suche nach geeigneter Literatur für die Prüfungsvorbereitung stieß ich immer wieder auf teure, oft zu ausführliche und für den Heilpraktiker-Anwärter unverständliche Bücher, deren Durcharbeiten zwar unerlässlich, aber als Kompaktwissen und intensiven Vorbereitung meiner Meinung nach ungeeignet sind. In mühsamer Arbeit und Recherche habe ich mir mein eigenes Skript zusammengestellt und bin damit sehr gut gefahren.

Der Inhalt meines Buches erhebt keinen Anspruch auf Vollständigkeit. Vielmehr sind hier nur die wichtigsten und am häufigsten nachgefragten Prüfungsthemen der vergangenen Jahre – sowohl aus schriftlichen als auch aus mündlichen Amtsarztüberprüfungen – aufgeführt. Das Buch soll als Kompakttrainer in den Endzügen der Ausbildung dienen und ersetzt nicht das Lesen von Fachliteratur!

Noch ein Tipp zur Prüfung: Die schriftlichen Überprüfungen sind meines Wissens nach bundeseinheitlich. Die Durchfallquote ist recht hoch. Das ist jedoch nicht böse Absicht der überprüfenden Behörden, wie oft von den Anwärtern zu hören oder lesen ist. Vielmehr soll hier tatsächlich deren Wissen auf „Herz und Nieren" geprüft werden. Der Heilpraktiker für Psychotherapie ist nicht nur „irgendein" Job, sondern er hat eine sehr große Verantwortung für das Wohl anderer Menschen. Daher ist es nur rechtens, unter schwierigen Bedingungen auszusieben, wer diese Verantwortung tatsächlich tragen kann.

Die mündlichen Überprüfungen testen sowohl das Wissen des Heilpraktiker-Anwärters, aber auch dessen Standing. Das heißt für mich, dass die Prüferinnen und Prüfer auch hier grundsätzlich wohlwollend sind und niemanden wirklich persönlich angreifen möchten. In Foren und dergleichen ist oft zu lesen, dass Anwärter sich ungerecht behandelt fühlten. Mag sein, dass sie es so empfunden haben. Wenn ich jedoch in die Prüfung gehe mit dem Wissen, dass die Prüferinnen und Prüfer mich vorsätzlich provozieren werden, um mein Standing – also meine Standhaftigkeit – zu testen, aber persönlich nichts gegen mich haben, fällt es viel leichter, während der Prüfung die Ruhe zu bewahren. In der weiteren Tätigkeit als Heilpraktiker wird es – je nachdem, welche Klienten ich habe – noch oft zu solchen Situationen kommen, in denen ich mich persönlich angegriffen fühle. Hier gilt es, überlegt zu handeln!

Als letztes wünsche ich Ihnen viel Spaß bei der Prüfungsvorbereitung mit Hilfe meines kleinen Kompakttrainers und drücke Ihnen die Daumen für das erfolgreiche Gelingen Ihrer Amtsarztüberprüfung.

Ihre Yvonne Duygun

2 Anamnesen und psychopathologischer Befund

2.1 Bewusstseinsstörungen

2.1.1 Quantitative Bewusstseinsstörung

Damit ist das verminderte Bewusstsein gemeint.

Die Vigilanz (Wachheit) wird in graduelle Abstufungen unterteilt:

- Benommenheit
- Somnolenz (leicht weckbar)
- Sopor (schwer weckbar)
- Koma (nicht weckbar)

2.1.2 Qualitative Bewusstseinsstörung

Hier tritt ein verändertes Bewusstsein zutage, wie z.B. beim Delir, Alzheimer, Schizophrenie. Es wird unterschieden zwischen:

- Bewusstseinstrübung (Verwirrtheit des Denkens und des Handelns)
- Bewusstseinseinengung (Fokussierung des Bewusstseins auf bestimmte Erlebensinhalte)

- Bewusstseinsverschiebung (alles Wahrgenommene ist in seiner Intensität gesteigert)

2.2 Orientierungsstörungen

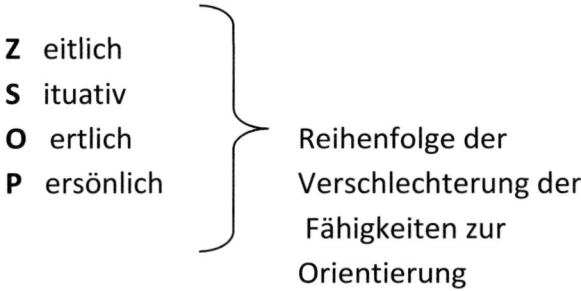

Z eitlich
S ituativ
O ertlich
P ersönlich

Reihenfolge der
Verschlechterung der
 Fähigkeiten zur
Orientierung

Bei zeitlich ist gemeint z.B. welches Datum haben wir heute in
Verbindung mit Monat und Jahreszahl.
Orientierungsstörungen zur Zeit kommen beispielsweise vor bei Gedächtnisstörungen und exogenen Psychosen.

Mit situativ ist die jetzige Situation gemeint. Die Frage „Was passiert hier gerade?" macht dies deutlich. Situative Orientierungsstörungen kommen unter anderem vor bei exogenen Psychosen, Demenz und Delir.

Der örtlichen Orientierungsstörung geht die Frage voran „Wo befinden Sie sich jetzt?" Das Vorkommen ist z.B. bei Alzheimer, Demenz, Korsakow-Syndrom zu verzeichnen.

Persönlich ist die eigene Person betreffend „Wie heißen
Sie?" „Wann wurden Sie geboren?" „Was sind Sie von
Beruf?" Die persönliche Orientierungsstörung ist u.a. zu
finden bei Demenz, Wahn, schwere organische
Hirnerkrankungen und Delir.

2.3 Auffassungs-, Konzentrations- und Gedächtnisstörungen

2.3.1 Auffassungsstörungen

Dies sind Störungen der Fähigkeit, Wahrnehmungen in ihrer
Bedeutung zu begreifen und sinnvoll miteinander zu
verbinden; können Fehlhandlungen bewirken, die
gegebenenfalls zu Fremd- oder Eigengefährdung führen (z.B.
Alzheimer, chronischer Alkoholmissbrauch)

2.3.2 Gedächtnisstörungen

1. Merkfähigkeitsstörungen: Dinge können nicht über
   einen Zeitraum von bis zu 10 Minuten erinnert
   werden (Kurzzeitgedächtnis).

2. Gedächtnisstörungen: Davon spricht man bei allen Zeitintervallen von mehr als 10 Minuten, die nicht erinnert werden können (Langzeitgedächtnis).
3. Amnesien (Erinnerungslücken):
   - Retrograde Amnesie: keine Erinnerung an **vor** dem Ereignis
   - Kongrade Amnesie: keine Erinnerungen an das Ereignis selbst
   - Anterograde Amnesie: keine Erinnerung an **nach** dem Ereignis
4. Konfabulationen: Erinnerungslücken werden mit Einfällen gefüllt (z.B. beim Korsakow-Syndrom)
5. Paramnesien (Wahn- / Trugerinnerungen; Erinnerungen an Ereignisse, die in der Realität gar nicht stattgefunden haben)

2.4 Formale Denkstörungen

Aufgrund der Wichtigkeit bei der mündlichen sowie schriftlichen Prüfungen wurden den formalen Denkstörungen unter 9. ein eigenes Kapitel gewidmet.

2.5 Zwänge, Phobien, Ängste

Sie kommen als eigenständige Erkrankung (z.B.
Zwangsstörung, Angststörung) oder aber im Rahmen
anderer Erkrankungen (z.B. Schizophrenie) vor.

2.5.1 Formen

- Zwangsideen: Nicht unterdrückbare Denkinhalte
  drängen sich auf, werden jedoch als unsinnig erlebt.
- Zwangsimpulse: Es werden bestimmte Handlungen
  ausgeführt, die sich gegen einen inneren Widerstand
  aufdrängen. Diese können schädigende Handlungen
  gegen sich oder andere beinhalten.
- Zwangshandlungen: Diese müssen gegen einen
  inneren Widerstand ausgeführt werden und lassen
  sich nicht unterdrücken.
- Angst: Die Angst ist nicht auf bestimmte Situationen
  oder Objekte bezogen, sondern vielmehr auf Sorgen
  und unrealistische Befürchtungen ausgerichtet (z.B.
  Angst vor Krankheit); bringt meist körperliche
  Symptome wie Schwitzen, Zittern, Herzklopfen,
  Mundtrockenheit mit sich.
- Phobie: Hier bezieht sich die Angst auf bestimmte
  Situationen und Objekte. Der Patient weiß, in

welchem Zusammenhang die Angst auftritt und vermeidet diese Situationen.

2.6 Wahn

Der Wahn ist eine Fehlbeurteilung der Realität (inhaltliche Denkstörung).

2.6.1 Wahnformen

- *Wahnstimmung:* Etwas ist anders, ohne es genau benennen zu können.
- *Wahnwahrnehmung:* Wahnhafte Fehlinterpretation einer an sich richtigen Wahrnehmung.
- *Wahnerinnerung:* Wahnhaft verfälschte Erinnerung
- *Wahneinfall:* Wahnhafte Vorstellungen und Überzeugungen treten unvermittelt gedanklich auf
- *Wahndynamik:* gefühlsmäßige Ladung

2.6.2 Wahnthemen

- Beziehungswahn (z.B. Schizophrenie)
- Beeinträchtigungs- und Verfolgungswahn (z.B. Schizophrenie)

- Schuldwahn (z.B. Depression)
- Größenwahn (z.B. Manie, Schizophrenie)
- Eifersuchtswahn (z.B. Alkoholabhängigkeit)
- Hypochondrischer Wahn (z.B. Depression)
- Verarmungswahn (z.B. Depression)
- Nichtigkeitswahn (z.B. Depression)

2.7 Sinnestäuschungen und Halluzinationen

Hierbei handelt es sich um Wahrnehmungsstörungen.

2.7.1 Halluzinationen

= Sinneswahrnehmungen, ohne real vorhandene Sinnesreize

Formen:
- Akustische Halluzinationen, z.B. Stimmen hören oder Gedankenlautwerden
- Optische Halluzinationen, z.B. weiße Mäuse im Delirium tremens
- Körper- (Leib-) Halluzinationen (Zönästhetische Halluzinationen), z.B. schwerer Stein auf meiner Brust
- Geruchs- / Geschmackshalluzinationen (olfaktorisch, gustatorisch), z.B. bei Epilepsie

2.7.2 Sinnestäuschungen

Formen:

- Pseudo-Halluzination: Geschehen oft in Zuständen extremer Ekstase oder Panik. Der Patient ist sich des Trugcharakters der Wahrnehmung bewußt.
- Illusionen: Sinnesreize werden in ihrer Bedeutung verkannt (verfälschte wirkliche Wahrnehmung), z.B. bei Drogen-/Medikamentenmissbrauch, Delir, extreme Angst, hohes Fieber
- Pareidolien: in wirklich Vorhandenes wird Nichtvorhandenes hineingesehen (z.B. Gesichter in Wolken), u.a. im Fieberdelir

2.8 Ich-Störungen

Die Grenze zwischen dem Ich und der Umwelt erscheint durchlässig, z.B. Fremdbeeinflussungserleben.

2.8.1 Formen der Ich-Störung

1. Depersonalisation: Körper (-teile) werden als verändert oder nicht zugehörig bzw. fremd erlebt.
2. Derealisation: Die Umwelt wird als fremd und verändert erlebt.

3. Fremdbeeinflussungserlebnisse: Das Fühlen, Streben, Handeln und Wollen werden als von außen gemacht, gesteuert oder gelenkt erlebt.
4. Gedankenentzug: Es wird gemeint, ihm würden von außen die Gedanken entzogen werden.
5. Gedankenausbreitung: Die Gedanken gehören ihm nicht mehr alleine.
6. Gedankeneingebung: Alle Gedanken und Vorstellungen erscheinen von außen beeinflusst, eingegeben, gelenkt und aufgedrängt.

Depersonalisation und Derealisation können z.B. bei Schizophrenie, Angststörungen und dissoziativen Störungen vorkommen.

Fremdbeeinflussungserlebnisse, Gedankenentzug, Gedankenausbreitung und Gedankeneingebung sind am häufigsten bei der Schizophrenie und den schizoaffektiven Störungen zu beobachten.

2.9 Störungen des Antriebs und der Psychomotorik

2.9.1 Formen der Antriebs- und psychomotorischen Störungen

- Antriebsarmut
- Antriebshemmung (nimmt sich Dinge vor, kann sie aber nicht umsetzen)
- Antriebssteigerung
- Stupor (motorische Bewegungslosigkeit)
- Logorrhoe (übermäßiger Rededrang)
- Motorische Unruhe
- Stereotypien (motorische oder sprachliche Äußerungen, die in sinnloser Weise über längere Zeit wiederholt werden, z.B. mit dem Körper schaukeln)
- Negativismus (tut nicht das, was von ihm verlangt wird, sondern meist etwas Entgegengesetztes)
- Befehlsautomatismus
- Echolalie / Echopraxie (alles Gehörte / Gesagte und Bewegungen werden imitiert)
- Mutismus (spricht wenig oder gar nicht (mehr))
- Theatralisches Verhalten
- Aggressivität
- Sozialer Rückzug
- Soziale Umtriebigkeit

- Manieriertheit (an sich sinnvolle Handlungen werden auf ungewöhnliche bizarre und verschnörkelte Weise durchgeführt)

2.10 Störungen der Affektivität

Mit Störungen der Affektivität bezeichnet man Störungen in Stimmung, Affekt und Gefühl.

Die Stimmung beschreibt eine eher länger anhaltende Gefühlslage, wie z.B. Traurigkeit, Unzufriedenheit. Der Affekt beschreibt hingegen kürzere, aber zumeist heftigere Emotionen, z.B. Aggressivität, Wut.

2.10.1   Formen der Affektstörungen

- Gefühl der Gefühllosigkeit
- Störung der Vitalgefühle (Kraft, Energie, Lebendigkeit)
- Depressivität
- Insuffizienzgefühle (traut sich nichts zu, fühlt sich wertlos bzw. minderwertig)
- Dysphorie
- Euphorie
- Gereiztheit
- Innere Unruhe

- Gesteigertes Selbstwertgefühl
- Ambivalenz (gegensätzliche Gefühle)
- Parathymie (Gefühlsausdruck und Erlebnisinhalt passen nicht überein, z.B. fröhliche Erzählung über eine Beerdigung eines nahen Angehörigen)
- Affektarmut
- Affektinkontinenz (Unfähigkeit, den Ausdruck bestimmter Gefühle zurück zu halten)
- Affektlabilität (rasch wechselnde Stimmungen)
- Affektstarrheit
- Läppischer (hebephrener) Affekt (wirkt in Äußerungen einfällig, unreif und albern)

2.11 Störungen der Intelligenz

Hierbei wird unterschieden zwischen der angeborenen Störung (Oligophrenie) und der erworbenen Störung (Demenz).

2.11.1   Formen der Intelligenzstörung

1. Leichte Intelligenzminderung (Debilität); IQ 50 – 69
2. Mittelgradige Intelligenzminderung (Imbezibilität); IQ 35 – 49
3. Schwere Intelligenzminderung; IQ 20 – 34

4. Schwerste Intelligenzminderung (Idiotie); IQ <20

3 Abgrenzung Psychose / Neurose

3.1 Die Neurose

Neurosen sind psychische Störungen aufgrund eines ungelösten frühkindlichen Konflikts (nach Freud); sie sind nicht organisch bedingt. Der Neurotiker hat unangemessene Bewältigungsstrategien; setzt Abwehrmechanismen* ein (Psychosomatische Symptome „Holy seven", Angststörung, Zwangsstörung, Posttraumatische Belastungsstörung, Anpassungsstörung, dissoziative Störung, somatoforme Störung, hypochondrische Störung, Neurasthenie, depressive Neurose).

Bei der Neurose bleibt der Realitätsbezug erhalten, meist auch die Berufsfähigkeit.

*Abwehrmechanismen sind: Rationalisierung, Regression, Verschiebung, Verdrängung, Vermeidung, Sublimierung, Projektion, Identifikation, Konversion, Verleugnung etc. (in der Literatur lassen sich mehrere verschiedene Mechanismen finden)

3.1.1 Entstehung der Neurose

Die Neurose entsteht, wenn Triebimpulse aus dem ES nicht mehr (ausreichend) vom ICH abgewehrt werden können. Es entsteht eine diffuse Angst. Der Symptomausbruch stellt eine (subjektive) Konfliktentlastung dar.

ES: Triebe, Wünsche, Bedürfnisse

ICH: Realitätsprinzip

ÜBER-ICH: Normen, Werte, Moral

Das ICH ist dafür da, um Kompromisse zwischen dem ES und dem ÜBER-ICH zu finden. Dabei können die Wünsche des ES eingeschränkt werden. Sie werden verdrängt und im Unterbewußtsein gespeichert. Der frühkindliche Konflikt wird bei aktuellem Auslöser reaktiviert.

3.1.2 Einteilung der Neurose

- „Psychoneurosen": Neurosen mit einer psychischen Symptomatik, die typischen Neurosen also
- „Charakterneurosen": mit speziellen sehr auffälligen Persönlichkeitsmerkmalen, z.B. histrionische PS, Zwangsstörung

- „Organneurosen": im Vordergrund stehen körperliche Symptome, z.B. die „Holy seven"

3.1.3 Symptome

- Betroffene leiden an ihren Störungen
- Zwischenmenschliche Auswirkungen
- Beim Versuch, Neurosesymptome zu unterdrücken, kommt es zu Unruhe und Angst
- Viele andere Bereiche des Lebens bleiben ungestört

3.2 Die Psychose

Die Psychose ist eine schwerste psychiatrische Störung mit Realitätsverlust, Verlust sozialer Basisfertigkeiten und fehlender Ich-Identität. Sie müssen meist mit Psychopharmaka behandelt werden. Auffällige Symptome sind Wahn und Halluzinationen.

In den ICD-10 und DSM-IV wurde der Begriff Psychose abgeschafft. Die mir bekannte Begründung dafür ist die unzulängliche Abgrenzbarkeit zur Neurose sowie der Theoriegebundenheit an die Psychoanalyse. Der Psychose-Begriff wird in Deutschland bei Ärzten und Psychotherapeuten dennoch oft angewandt.

Achtung: Der Heilpraktiker für Psychotherapie darf Psychosen nicht behandeln!

3.2.1 Einteilung der Psychose

- Organische Psychosen (exogen); z.B. Demenz, Delir, Dämmerzustand
- Schizophrene Psychosen (endogen); z.B. paranoide Schizophrenie
- Affektive Psychosen (endogen); z.B. Depression, Manie

3.2.2 Symptome

- Psychosen entstehen am häufigsten zwischen dem 15. und dem 25. Lebensjahr
- Haben oft körperlich begründbare Ursachen (exogen) oder sind im Sinne des Vulnerabilitätskonzepts multifaktoriell bedingt (endogen)
- Symptome wie Halluzinationen, Wahn und Ich-Störungen treten in den Vordergrund
- Grundlegender Wandel des eigenen Erleben und des Außenbezugs (gestörter Realitätsbezug)
- Wesentliches Kennzeichen ist der phasenhafte Verlauf

- Werden als strukturelle Störung bezeichnet
- Können meist nur medikamentös und durch langwierige Therapie eingestellt werden

4 Suizidalität

= absichtliche Selbstschädigung mit tödlichem Ausgang; psychiatrischer Notfall

> jährlich 10.000 Menschen allein in Deutschland; Suizidversuche mehr Frauen, aber tödlich endend mehr bei Männern; 30-40% über 60 Jahre alt; bei jungen Erwachsenen die häufigste Todesursache

4.1 Ursachen:

- Appell; suizidale Handlung ohne Todesfolge (Parasuizid) – ohne Tötungsabsicht
- nach reiflicher Überlegung (Bilanzsuizid)
- Psychodynamische Theorien:
  - Aggressionsmodell: Aggression, die eigentlich einer anderen Person gilt, wird gegen sich selbst gerichtet (z.B. nach Tod, Trennung etc.)

o Narzissmustheorie: Suizid ist die Folge eines
  gestörten Selbstwertgefühls; paradoxe
  Möglichkeit, eigene Allmacht zu erhalten

4.2 Verlauf und Symptome:

Ankündigungen sind immer ernst zu nehmen!!! Studien
zufolge haben 75% ihren Suizid vorher angekündigt.

4.3 Diagnostik:

- Bei geringstem Verdacht und bei Erkrankungen, die
  mit einem gesteigerten Suizidrisiko einhergehen,
  aktiv danach fragen!
- Bei Patienten mit Suizidversuch besteht besonders im
  1. Jahr eine erhöhte Gefahr, einen erneuten Versuch
  zu unternehmen!
- Kielholz entwickelte Leitfaden zur Abschätzung der
  aktuellen Suizidalität:
  - o Eigene frühere Suizidversuche
  - o Vorkommen von Suiziden in der Familie oder
    Umgebung
  - o Selbstmordgedanken ohne konkreten Plan
  - o Direkte oder undirekte Suiziddrohungen

o Äußerung konkreter Vorstellungen über die
Durchführbarkeit oder
Vorbereitungshandlungen

4.4 Formen:

- harter Suizid: führen unentrinnbar zum Tod
(Erschießen, Erhängen, Sturz aus großer Höhe, vor
den Zug werfen)
- weicher Suizid: Schlaftabletten, Einatmen giftiger
Gase
- erweiterter Suizid: vor Selbsttötung werden
Familienangehörige gegen ihren Willen getötet
- gemeinsamer Suizid: 2 oder mehr Menschen
entscheiden sich gemeinsam zum Tod

4.5 Risikofaktoren:

- Depression: höchstes Risiko; bei 40-60% lag
Depression vor
- Suchtkranke: ca. 20%
- Schizophrenie: ca. 10%
- Persönlichkeitsstörungen (z.B. narzisstische Krise,
Borderline)
- Menschen mit Gewalt- und Missbrauchserfahrungen
- Menschen mit Suizidversuchen in der Anamnese

- Alleinstehende Menschen (ohne soz. Kontakt, alt)
- Belastende Lebenssituationen
- Menschen, die Suizid angekündigt haben
- Junge Menschen in Entwicklungsphasen (z.B. Pubertät)
- Chronisch oder unheilbar Kranke

4.6 Stadien (präsuizidales Syndrom nach E. Ringel):

- Zunehmende Einengung von Verhalten, Affekt, zwischenmenschlichen Beziehungen: erleben die Situation als auswegslos

- Aggressionsumkehr: Aggression gegen eigene Person gerichtet

- Suizidphantasien: denken aktiv über Suizid nach oder die Gedanken drängen sich passiv auf

4.7 Suizidales Achsensyndrom nach Mitterauer:

- Offene oder versteckte Suizidalität

- Vorhandensein einer Psychose

- Eine suizidpositive Familienanamnese

4.8 Die Stadien der suizidalen Entwicklung nach Pöldinger:

1. Erwägungsphase
   - Suizid wird als mögliche Problemlösung in Betracht gezogen
   - Fall wird gedanklich durchgespielt
2. Ambivalenzphase
   - Direkte Suizidankündigung
   - Kontaktsuche
   - Hilferuf als Ventilfunktion
3. Entschlußphase (Suizidhandlungen)
   - „Ruhe vor dem Sturm" (Distanziertheit, keine Gefühlsregung)
   - Vorbereitungshandlungen

4.9 Therapie nach Suizidversuchen:

- Stationäre und ambulante Betreuung
  - Bei Patienten mit schweren psych. Störungen muss die Grunderkrankung therapiert werden; meist stationär und gegen den Willen

- o Ohne Störungen meist ambulant (Suizidambulanz)
- Medikamentöse Therapie:
  - o Psychopharmaka, aber VORSICHT: Am Anfang Antriebssteigerung, d.h. Energie zur Durchführung eines Suizids, daher Beobachtung
- Psychotherapie:
  - o unbedingte Empathie des Therapeuten erforderlich
- Wichtige Maßnahmen:
  - o Zu Behandlungsbeginn Vertrag schließen, dass er sich innerhalb eines bestimmten Zeitraumes nicht umbringt!
  - o Intensive Supervision des Therapeuten
  - o Telefonseelsorge, Beratungsstellen
  - o HP darf nur behandeln, wenn er sehr erfahren ist und nur in Kooperation mit Psychiater

4.10 Interventionsstrategien nach Dorrmann:

- Krisenintervention
- Rapport bekommen
- Zeit gewinnen
- Verträge und Selbstverpflichtungen
- Konfrontation
- Arbeit mit Gefühlen

- Brücken bauen
- Deutungen und Umdeutungen
- Arbeit mit Teilen der Persönlichkeit
- Systemische Intervention
- Notfallplan
- Stationäre Einweisung

4.11 Gefahren im Umgang mit Suizidgefährdeten nach Kulessa:

- Vorschnelle Tröstung
- Ermahnung
- Verallgemeinerung
- Ratschlag
- Belehrung
- Herunterspielen des Problems
- Beurteilen und Kommentieren
- Nachforschen, ausfragen, analysieren
- Vorschnelle Aktivitäten entwickeln

Weitere Autoren über Suizid: Freemann und Reinecke, Durkheim, Freud, Beck, Kohut, Henseler...

5 Depression

= psych. Störung mit trauriger Verstimmung, gedrückter, pessimistischer Stimmungslage, Niedergeschlagenheit, Verzagtheit, Antriebsminderung, leichter Ermüdbarkeit, evtl. mit Angst und Selbsttötungsneigung, kognitive Störungen (Einbußen in Aufmerksamkeit, Konzentration, Gedächtnis, Lernen sowie problemlösendes Denken); 75% verlaufen episodenhaft, 10% nur einmalig, ca. 15% chronisch

5.1 Ursachen:

- Genetische Faktoren
- Störungen in der Neurotransmission (relativer Mangel an Serotonin und Noradrenalin; Veränderungen im Bereich der Rezeptoren)
- Kritische Lebensereignisse
- Chronobiologische Faktoren (Herbst, Winter)
- Körperliche Erkrankungen oder Medikamente (u.a. M. Parkinson, hirnorganische oder SD-Erkrankung, Kortison, „Pille " etc.)

5.2 Symptome:

- Depressive Verstimmung: Antriebslosigkeit, traurige Verstimmtheit, „Gefühl der Gefühllosigkeit ", Bewegungsarmut, emotionale Unbeteiligtheit, Gefühlsarmut, Sinn- und Hoffnungslosigkeit, schwere Schuldgefühle, Patienten fühlen sich tot, ausgebrannt, wie versteinert
- Ängstliche Grundstimmung: existenzielle Angst
- Suizidgedanken: bis hin zur Suizidalität (10-15% sterben an Suizid)
- Wahnerleben (relativ selten)
- Vitalsymptome: Müdigkeit, Appetitlosigkeit, Gewichtsverlust, Libidoverlust, Druck auf der Brust
- Schlafstörungen: Einschlaf-, Durchschlafstörungen, Früherwachen, Schlaf nicht erholsam
- Denkhemmung oder Grübelneigung: Verschlechterung der Befindlichkeit morgens/vormittags (Morgentief)
- Bei Schlafstörungen IMMER erst Depression als mögliche Ursache prüfen!

5.3 Diagnosekriterien nach ICD-10:

- Hauptsymptome:
  - Depressive Stimmung

- o Interesse- oder Freudlosigkeit
- o Erhöhte Ermüdbarkeit, Antriebsverminderung
- Nebensymptome:
  - o Konzentrationsschwierigkeiten, Aufmerksamkeitsstörungen
  - o Negative und pessimistische Zukunftsgedanken
  - o Vermindertes Selbstwertgefühl und Selbstvertrauen
  - o Schuldgefühle und das Gefühl der Wertlosigkeit
  - o Schlafstörungen
  - o Appetitmangel, Gewichtsverlust
  - o Gedanken an den Tod bis hin zum Suizidversuch

Für eine leichte depressive Episode werden zwei Hauptsymptome und mind. 2 Nebensymptome, für mittelschwere Episode mind. 3 Nebensymptome und für schwere Episode mind. 4 Nebensymptome gefordert! Die Symptome müssen mindestens 2 Wochen andauern!

MERKE: Bei schweren Episoden (Major-Depression) ist das somatische Syndrom praktisch immer vorhanden + der kompletten Trias (Hauptsymptome).

5.4 Merkmale des somatischen Syndroms:

- Interessenverlust
- Emotionale Reaktionen fehlen
- Frühmorgendliches Erwachen (2 Std. vor gewohnter Zeit)
- Morgentief
- Psychomotorische Hemmung oder Agitiertheit, Appetitverlust
- Gewichtsverlust
- Deutlicher Libidoverlust

5.5 Wahn bei Depression:

Der Wahn ist in der Regel synthym, d.h. er „passt " zur depressiven Verstimmung!

Typisch sind Schuldwahn, Nichtigkeitswahn, Verarmungswahn, hypochondrischer Wahn.

5.6 Formen:

- *Endogene Depression:* von innen heraus; muss wegen der Schwere der Störung von einem Psychiater behandelt werden, oft Psychopharmaka und stationär

- *Neurotische Depression:* Folge eines verdrängten neurotischen Konflikts; auslösendes Ereignis; mild ‑ weder Suizidalität noch Wahnsymptome
- *Melancholie:* Synonym für schwere Formen der endogenen Depression
- *Zyklothymie:* leichte Form der affektiven Erkrankung mit andauernder Instabilität und leichten depressiven sowie leichten manischen Phasen
- *Dysthymie:* leichte, eher chronische Form der Depression; Kriterien einer depressiven Episode nach ICD-10 werden nicht erfüllt; fühlen sich müde, schlafen schlecht, sind unzufrieden, bewältigen jedoch ihr tägl. Leben
- *Rapid-Cycling-Depression:* mehr als 4 manische und/oder depressive Phasen pro Jahr
- *Larvierte Depression:* körperliche Symptome überwiegen und überdecken (tarnen) die Depression; vordergründig Kopfschmerzen, Rückenschmerzen, Verstopfung, Unterleibsbeschwerden (aktives Nachfragen!)
- *Wochenbettdepression*
- *Erschöpfungsdepression:* langjährige, seelische Dauerbelastung
- *Spätdepression:* nach dem 45. LJ
- *Altersdepression:* ab 60. LJ, hohe Suizidrate
- *Gehemmte Depression:* Aktivität und körperliche Bewegung stark vermindert, im Extremfall Stupor

- *Agitierte Depression:* „Jammerdepression ";
  körperlich extrem unruhig, ängstlich, klagend; hohes
  Suizidrisiko
- *Postschizophrene Depression:* tritt im Anschluß an
  eine schizophrene Erkrankung auf; einige
  schizophrene Symptome müssen noch vorhanden
  sein, beherrschen aber nicht mehr das klinische Bild;
  ist mit einem erhöhten Suizidrisiko verbunden

5.7 Abgrenzung endogene Depression vs. neurotische Depression

Endogene Depression:	Neurotische Depression:
Früherwachen	Einschlafstörungen
Morgentief	Abendtief
Gefühllosigkeit (Anhedonie)	
Stimmungsschwankungen	
Keine Ursache erkennbar	psychische Ursache
Melancholie, evtl. Wahn	Hypomane Nach-schwankungen

5.8 Therapie:

- Medikamentöse Therapie:
  - o Antidepressiva: führen zur Normalisierung des Neurotransmitterspiegels im synaptischen Spalt
  - o Lithium oder Antiepileptika: Phasenprophylaktika reduzieren das Auftreten einer erneuten Krankheit; müssen über längeren Zeitraum eingenommen werden; Lithium vorallem bei Zyklothymien, aber auch zur Wirkungsverstärkung der Antidepressiva (Augmentation)
  - o Neuroleptika: nur bei schwerer Wahnsymptomatik
- Psychotherapie: (Patient klarmachen, dass Krankheit/Situation nicht selbst verschuldet und gut behandelbar ist)
  - o Bearbeitung der Suizidalität: das Sprechen darüber hat in der akuten Phase höchste Priorität
  - o Verhaltenstherapie: erlernen einer bewußten Selbststeuerung der Affekte
  - o Kognitive Therapie: Bearbeitung und Reflexion von inneren Überzeugungen bezüglich der eigenen Person und eigenen Lebensumständen

- o Psychoanalyse / tiefenpsychologisch orientierte Psychotherapie: in Akutphase stehen Krisenintervention und Stabilisierung im Vordergrund
  - o Hypnotherapie nach Erickson: Herstellen positiver Gefühle
- Weitere therapeutische Maßnahmen: Schlafentzugstherapie, Lichttherapie, Elektrokrampftherapie (EKT; nur bei schwersten Verläufen mit Stupor), Ergotherapie und Tagesstrukturierung

5.9 Depressive Pseudodemenz:

Wenn die Symptome objektiv stark ausgeprägt sind und/oder einen hohen Leidensdruck hervorrufen, spricht man von einer Pseudodemenz. In der Abgrenzung zu einem dementiellen Syndrom ist die depressive Pseudodemenz dadurch gekennzeichnet, dass sie mit Abklingen der Depression wieder vollständig verschwindet. Bei einer Pseudodemenz erscheint vor allem das Gedächtnis der Patienten gestört zu sein, aber bei näherer Untersuchung wird man eher feststellen, dass sie eher unkonzentriert oder uninteressiert für ihre Umgebung sind und daher neue Informationen nicht mehr aufnehmen und behalten können. Sie können in aller Regel den Beginn der Gedächtnisprobleme genau angeben und merken auch selber, dass ihr Gedächtnis nachlässt. Sie leiden sehr darunter und beschäftigen sich ausgeprägt mit diesen Einschränkungen. Häufig sind aber eben auch noch weitere Zeichen der Depression nachweisbar (z.B. Schlafstörungen, Apathie und Morgentief, emotionale Symptome der Depression).

6 Manie

= psych. Störung mit euphorisch-gehobener oder gereizter Stimmungslage, Enthemmung, Ideenflucht und Selbstüberschätzung; Manie führt häufig zu einer zumindest zeitweiligen Schuldunfähigkeit und fehlenden Geschäftsfähigkeit; reine Manie nur etwa 5%, sonst bipolar

6.1 Ursachen:

- Genetische Faktoren
- Störungen in der Neurotransmission (relativer Überschuß an Dopamin und Noradrenalin)

6.2 Symptome:

- Stimmungshoch
- Antriebssteigerung: großer (unüberlegter) Tatendrang mit starker Bewegungsunruhe
- Logorrhoe: unentwegter Redefluß
- Ideenflucht: haben ständig neue Ideen
- Größenwahn mit Selbstüberschätzung
- Vermindertes Schlafbedürfnis
- Gesteigerte sex. Aktivität
- Alkohol-/Drogenmißbrauch
- Suizidalität
- Fehlendes Krankheitsgefühl / -einsicht

6.3 Formen:

- *Hypomanische Phase:* weniger stark ausgeprägte manische Symptome (ohne Wahn und ohne Halluzinationen)
- *Euphorische Manie:* heitere und ausgelassene Stimmung
- *Dysphorische Manie:* gereizte, streitsüchtige Stimmung

6.4 Therapie:

- Häufig Zwangseinweisung aufgrund fehlender Krankheitseinsicht notwendig

- Therapeut darf sich nicht provozieren lassen und konfrontieren, sondern deeskalieren
- Maniker können gewalttätig werden
  - Medikamentöse Therapie:
    - Lithium, Antiepileptika: Dosierung von Lithium meist höher als bei depressiven Patienten
    - Neuroleptika
    - Sedativa: Beruhigungsmittel
  - Weitere therapeutische Maßnahmen:
    - Regulierung Schlaf- / Wachrhythmus: Schlafdauer von regelmäßig mind. 6 Stunden
    - Elektrokrampftherapie
    - Manische Episoden können erhebliche Eigen- und Fremdgefährdung zur Folge haben. Die Behandlung muss deshalb oft gegen den Willen der Patienten auf richterlichen Beschluss erfolgen.

7 Schizophrenie

= Erkrankung aus Gruppe der Psychosen mit charakteristischen Änderungen von Denken, Wahrnehmung, Willen, Leistungsfähigkeit, Psychomotorik und Affekt. Als psychopathologische Symptome treten auf: Wahn (krankhafter Ich-Bezug), Halluzinationen, Denkstörungen, Ich-Störungen, Störungen der Affektivität, psychomotorische Störungen; Abtrennung der Wahrnehmung von der Realität;

Life-time-Risiko 1%; Männer = Frauen;
Haupterkrankungsalter zwischen 15 und 30; früher
Dementia praecox (vorzeitige Verblödung) nach Kraeplin;
Schizophrenie (Spaltungsirresein) nach Bleuler; Pat. haben
keine Krankheitseinsicht ABER ACHTUNG: es liegt
Bewusstseinsklarheit vor und intellektuelle   Fähigkeiten
bleiben erhalten; Gedächtnis und Orientierung sind NICHT
gestört

7.1 Ursachen:

- Keine eindeutigen, aber man geht von einem
  multifaktoriellen Geschehen aus:
- Vererbung
- Dopaminüberschuss oder auch Serotonin
- Belastende Lebensereignisse

7.2 Symptome:

- Positivsymptomatik: Verhaltensweisen, die ein
  Übermaß oder eine Verzerrung normaler Funktionen
  darstellen wie Wahn, Halluzinationen, formale
  Denkstörungen, Symptome, die zu typisch
  psychotischen und chaotischen Verhaltensweisen
  führen (ein Mehr an Erleben)

- Negativsymptomatik: Krankheitszeichen, bei denen das Verhalten des Kranken im Vergleich zu Gesunden Defizite aufweist wie stark in sich zurückgezogen, still, apathisch, antriebsarm, zeigen keine Gefühle (ein Mangel an Erleben)
- Symptome 1. + 2. Ranges nach Schneider:
  - 1. Rang: Gedankenlautwerden, akustische Halluzinationen, Gedankenentzug, Gedankenausbreitung, Gedankeneingebung, Wahnwahrnehmung, Beeinflussungserlebnisse
  - 2. Rang: Wahneinfall, Ratlosigkeit, depressive oder frohe Verstimmungen, weitere Halluzinationen (optische, gustatorische, olfaktorische...)
- Grundsymptome und akzessorische Symptome nach Bleuler:
  - Grundsymptome: MERKE die 4 „A"! Ambivalenz, Autismus, Affektivität (-störungen), Assoziation (-störungen)
  - Akzessorische Symptome: Wahn, Halluzinationen, katatone Erscheinungen
- Formale Denkstörungen: Zerfahrenheit (zusammenhangslos und unlogisch), Sperrung des Denkens oder Gedankenabreißen, Neologismen (Wortneuschöpfungen)
- Störungen der Affektivität: gehobene Stimmung oder läppischer Affekt, depressive Verstimmungen, Affektarmut, Angst (kann in Wahn übergehen),

Parathymie, Ambivalenz (gegensätzl. Gefühle bestehen nebeneinander)

- Ich-Störungen: Depersonalisation, Derealisation, Gedankenentzug oder Gedankenausbreitung, Gedankeneingebung, Beeinflussungserlebnisse
- Wahn: Wahnsymptome = inhaltliche Denkstörungen (Beziehungs-, Verfolgungs-, Beeinträchtigungs-, Größenwahn)
- Halluzinationen: am meisten akustische Halluzinationen; häufig in Wahn eingebettet
- Psychomotorische Störungen: als Bewegungslosigkeit bei vollem Bewußtsein oder als starke motorische Unruhe
  - Stupor: meist verbunden mit Mutismus
  - Mutismus: spricht nicht oder nur sehr wenig
  - Katalepsie: Gliedmaßen lassen sich in beliebige Stellung bringen und verharren dort
  - Katatone Erregung: starke motorische Unruhe, Schreien, Um-sich-schlagen
  - Negativismus: tut das Gegenteil von dem, was verlangt wird
  - Befehlsautomatismus: führt automatisch alles aus, was man ihm sagt
  - Bewegungsstereotypien: monotone, wiederholte Bewegungen
  - Sperrung: Patient will etwas tun, hält jedoch mitten in der Bewegung inne

Bei der chronisch verlaufenden Schizophrenie münden die Negativsymptome wie Affektverflachung, Antriebsarmut und sozialer Rückzug in Ambivalenzen, Autismus und Störungen der Assoziation:

- Ambivalenz: Ein Schizophrener kann gleichzeitig lachen und weinen
- Störungen der Assoziation: Hierzu gehören die formalen Denkstörungen Gedankensperrung und Zerfahrenheit; der Patient kann Gedanken nicht mehr zu Ende denken, er bleibt mitten im Gedankenfluss stecken, erzählt unlogisch und zusammenhangslos
- Autismus: Ich-Versunkenheit, Realitätsverlust

7.3 Formen:

- *Paranoid-halluzinatorische Form:* häufigste Form; beginnt akut und tritt oft spät auf (ab 40 LJ.); vorherrschend Wahn + Halluzination, Ich-Störungen, kaum andere Symptome; bei dieser Form ist der Affekt meist weniger verflacht als bei anderen Formen
- *Katatone Form:* wird beherrscht durch psychomotorische Störungen; Entwicklung einer perniziösen (bösartigen) Katatonie (Synonym: maligne, febrile oder letale Katatonie) mit hochgradiger Erregung, Fieber, Kreislaufstörungen und Austrocknung des Körpers; akute Katatonie kann

lebensbedrohlich sein (Stupor, Katalepsie, Stereotypien, Perseveration, Mutismus, Echolalie, Negativismus)

- *Hebephrene Form:* beginnt im Jugendalter; meist vorher schon Einzelgänger und schüchtern, läppische Grundstimmung, formale Denkstörungen; affektive Veränderungen stehen im Vordergrund ; verantwortungsloses Verhalten
- *Residualzustand:* nach Abklingen der Akutsymptomatik entwickelt sich häufig ein Zustand von soz. Rückzug, Antriebsmangel, Vernachlässigung der Körperpflege und depressiven Verstimmungen
- *Schizophrenia simplex:* Beginn und Verlauf schleichend und unspektakulär; Erstrangsymptome nach Schneider fehlen; schlechte Prognose; wie Residualzustand, aber ohne vorhergehende psychotische Phase mit Positivsymptomen; eindeutige und durchgängige Veränderung bestimmter umfassender Aspekte des Verhaltens, die sich in Ziellosigkeit, Trägheit, einer in sich selbst verlorenen Haltung und sozialem Rückzug manifestiert; Dauer mind. 1 Jahr, ABER: Stellen der Diagnose wird NICHT empfohlen

7.4 Diagnose:

- sehr schwierig
- Symptome müssen bereits seit einem Monat bestehen (nach DSM IV 6 Monate)

7.5 Diagnosekriterien nach ICD-10:

1. Ich-Störungen (Gedankenlautwerden, Gedankeneingebung, Gedankenentzug oder Gedankenausbreitung)
2. Inhaltliche Denkstörungen in Form von Kontrollwahn, Beeinflussungswahn, Gefühl des Gemachten, Wahnwahrnehmungen
3. Akustische Halluzinationen in Form kommentierender, dialogischer oder anderer Stimmen, die aus einem Teil des Körpers kommen
4. Anhaltender, kulturell unangemessener oder völlig unrealistischer (bizarrer) Wahn (z.B. das Wetter kontrollieren zu können oder im Kontakt mit Außerirdischen zu stehen)
5. Anhaltende Halluzinationen jeder Sinnesmodalität
6. Formale Denkstörungen in Form von Gedankenabreißen oder Einschiebungen in den Gedankenfluss, was zu Zerfahrenheit, Danebenreden oder Wortneubildungen (Neologismen) führt

7. Katatone Symptome wie Erregung, Haltungsstereotypien oder wächserne Biegsamkeit (Flexibilitas cerea), Negativismus, Mutismus oder Stupor
8. „Negative" Symptome wie auffällige Apathie, Sprachverarmung, verflachter oder inadäquater Affekt, zumeist mit soz. Rückzug und verminderter sozialer Leistungsfähigkeit
9. Sehr eindeutige und durchgängige Veränderungen bestimmter umfassender Aspekte des Verhaltens, die sich in Ziellosigkeit, Trägheit, einer „in sich selbst verlorenen Haltung " und sozialem Rückzug manifestiert.

Die Diagnose einer Schizophrenie kann gestellt werden, wenn mindestens 1 eindeutiges Symptom der Gruppe 1-4 oder mindestens zwei Symptome der Gruppe 5-9 für einen Zeitraum von mindestens einem Monat bestanden haben!

Bei einem psychiatrischen Notfall muss immer abgeklärt werden, ob durch die akute Symptomatik Eigen- oder Fremdgefährdung besteht! Ist dies der Fall und kann die Gefahr nicht auf andere Weise abgewendet werden Klinikeinweisung (auch gegen den Willen des Patienten).

7.6 Differentialdiagnose

- Affektive Störungen mit wahnhaften Symptomen
  (Wahn bei Schizophrenie meist parathym, bei
  affektiven Erkrankungen synthym (passend))
- Schizotype Störungen

7.7 Verlauf und Prognose:

- meist geht dem Ausbruch eine Phase voraus, in der
  leichtere psychische Symptome bestehen
  (Prodromalstadium)
- Kann aber auch plötzlich beginnen
- 10% versterben durch Suizid
- Ein Drittel erleben folgenlose Abheilung, ein Drittel
  Rückfälle, leichter Residualzustand, ein Drittel
  ungünstige Verläufe mit Dauerschäden
- Anzeichen für drohenden Schub: Schlaflosigkeit, soz.
  Rückzug, Vernachlässigung der Körperpflege,
  verworrenes Denken + Sprechen
- Aktuer Beginn, späte Erstmanifestation sowie
  deutliche auslösende Ursachen weisen auf bessere
  Prognose hin; mit zunehmendem Alter ist der Verlauf
  abgemildert

7.8 Therapie:

Meist ambulant, Klinikaufenthalte oft nur vorübergehend
notwendig.

- Medikamentöse Therapie durch Neuroleptika
  (Blockierung der Wirksamkeit des Botenstoffes
  Dopamin); keine Alternative zur Psychotherapie;
  hohe Nebenwirkungen; machen jedoch nicht
  abhängig; machen weiterführende Therapie möglich
- Tiefenpsychologische Therapie:
  - o Supportive (stützende) Psychotherapie stellt
    Bearbeitung der aktuellen Lebens- und
    Krankheitssituation in den Vordergrund; keine
    aufdeckende Psychotherapie wählen!
- Verhaltenstherapie
- Soziotherapie:
  - o Versuch vorhandene Fähigkeiten des
    Patienten zu fördern bzw. die Verstärkung
    soz. Defizite zu verhindern stehen im
    Mittelpunkt (Arbeitstherapie,
    Beschäftigungstherapie, Reha-Maßnahmen,
    teilstationäre Angebote z.B. Tagesklinik)

8 Missbrauch / Abhängigkeit

- Missbrauch: Vorstufe zur Abhängigkeit (ohne Abhängigkeitsmerkmale oder Entzugssymptome)
- Abhängigkeit (früher Sucht): unbezwingbares Verlangen nach einer Substanz; psychische und physische Abhängigkeit; Zeichen sind: Kontrollverlust, körperliche Entzugserscheinungen, Toleranzentwicklung
- Unstillbares Verlangen nach einer Substanz = „Craving" (engl.: heftige Begierde)
- Psychotrope Substanzen sind diejenigen Stoffe, die kurz- oder langfristig die seelische Befindlichkeit verändern
- Psychische Abhängigkeit: übermächtiges, unwiderstehliches Verlangen nach einer bestimmten Substanz
- Körperliche/physische Abhängigkeit: Entzugserscheinungen bei fehlender Zufuhr
- Stoffgebundene und nichtstoffliche Abhängigkeit
- Polytoxikomanie = Mehrfachabhängigkeit (es werden unterschiedliche Substanzen aus verschiedenen Gruppen eingenommen) – bei 20% der Abhängigen zu verzeichnen

8.1 Alkoholmissbrauch:

8.1.1 Jellinek unterscheidet 5 Typen der Alkoholabhängigen:

- Alpha-Trinker („Konflikttrinker "): Alkoholkonsum ohne Kontrollverlust zur Bewältigung psychischer und körperlicher Probleme; „lediglich " seelische Abhängigkeit; besitzt Fähigkeit zur Abstinenz (ca. 5%)

- Beta-Trinker („Gelegenheitstrinker "): keine Abhängigkeit; es können jedoch Körperschäden entstehen; trinkt nicht regelmäßig aber übermäßig; kein Kontrollverlust, keine Abhängigkeit; Alkoholmissbrauch (ca. 5%)

- Gamma-Trinker („süchtiger Trinker "): zunächst psychische, dann physische Abhängigkeit und Kontrollverlust, nur zeitweilige Fähigkeit zur Abstinenz (ca. 65%)

- Delta-Trinker („Spiegeltrinker "): Alkoholkrankheit mit Abhängigkeit und Unfähigkeit zur Abstinenz; rauscharmer kontinuierlicher Alkoholkonsum; kein Kontrollverlust; physische Abhängigkeit (ca. 20%)

- Epsilon-Trinker („episodischer Trinker "): exzessiver, tagelanger Alkoholkonsum mit Kontrollverlust, danach wieder Fähigkeit zur Abstinenz; psychische Abhängigkeit; Alkoholmissbrauch (ca. 5%)

⇒ Von einer Alkoholerkrankung spricht man bei Gamma-, Delta- und Epsilon-Trinkern!

8.1.2 Symptome:

➢ Akute Alkoholintoxikation: ist auf eine höchstens wenige Stunden zurückliegende Alkoholzufuhr zurückzuführen; lässt sich unterteilen in:

- Einfacher Rausch: Stimmung verändert sich, eingeschränkte Kontrolle über Körperfunktionen (Lallen, Torkeln, gehobene Stimmungslage, Denk- und Konzentrationsstörungen, evtl. auch depressive Stimmung mit Suizidalität

- Komplizierter Rausch: Amnesie (Gedächtnisverlust), Erregung und Angst, Bewusstseinstrübung (Delir), Halluzinationen

- Pathologischer Rausch: tritt meist bei Menschen mit Vorschädigung des Gehirns, bereits nach geringen Alkoholmengen auf (Dämmerzustand, Erregung, Gewalttätigkeit, (partielle) Amnesie, Terminalschlaf), hat einen abrupten Beginn und eine kurze Dauer – tritt seltener auf als der komplizierte Rausch; hier kann nach § 20 StGB Schuldunfähigkeit bestehen

- ➤ Symptome bei Entzug:

  - Einfacher Entzug: Beschwerden beginnen nach einem halben Tag und erreichen Höhepunkt nach 1-2 Tagen (Schlafstörungen, Schwitzen, Puls über 100 (Tachykardie), Herzklopfen, Erbrechen, Durchfall, Zittern, Unruhe, Angst), Hypertonie

  - Delirium tremens: zusätzlich zu Symptomen des einfachen Entzugs entsteht ein psychotischer Zustand, der i.d.R. 2-5 Tage dauert; lebensgefährlicher Zustand! Notfall! (Desorientiertheit, Bewustseinsstörungen bis hin zum Dämmerzustand, große Unruhe, Halluzinationen (weiße Mäuse etc.), in bis zu 10% epileptische Anfälle); häufigste Alkoholfolgeerkrankung (5-15%); das Delirium tremens ist ein kurzdauernder, aber gelegentlich durchaus lebensbedrohlicher toxischer Verwirrtheitszustand; gewöhnlich Folge eines absoluten oder relativen Entzugs; in manchen Fällen tritt es während einer Episode schweren Trinkens auf; typische Prodromi sind Schlaflosigkeit, Zittern, Angst; Symptomtrias: Bewußtseinstrübung, Verwirrtheit, lebhafte Halluzinationen (besonders optisch), leicht beeinflussbar

- ➢ Langfristige körperliche Folgen:

    - Äußere Merkmale (ungepflegtes Äußeres, Fahne)

    - Innere Organe (Leber, Bauchspeicheldrüse, Magen, periphere Nerven, Herzmuskel, Stoffwechsel, Bluthochdruck)

- ➢ Folgen krankhafter Gehirnveränderungen:

- Wernicke-Enzephalophatie: Gehirnerkrankung durch einen Mangel an Thiamin (Vitamin B1); in bis zu 20% tödlich verlaufend; geht oft in ein Korsakow-Syndrom über

    - Augenmuskellähmungen*
    - Pupillenstörungen
    - Ataxie (Koordinationsstörung von Gang und Stand)*
    - Somnolenz (Dämmerzustand)
    - Erregungszustände
    - Auffassungs- und Gedächtnisstörungen, Bewusstseinsstörungen*
    *=Trias der Wernicke-Enzephalophatie

- Korsakow-Syndrom: (Synonym: org. amnestisches Syndrom); tritt bei bis zu 5% der Alkoholiker auf durch einen Mangel an Thiamin; es gibt irreversible Verläufe und Fälle, bei denen sich die Symptomatik wieder bessert

- Desorientiertheit (primär zu Ort und Zeit)
- Konfabulieren (Unsinn reden)
- Schwere Gedächtnisstörungen (vor allem Kurzzeitgedächtnis)
- Ansonsten unauffällige kognitive Funktionen

Das Korsakowsyndrom ist mnestisches Durchgangssyndrom und meist reversibel; es liegt keine Bewusstseinsstörung vor.

- Organische Persönlichkeitsveränderungen bis zur Entwicklung von Demenz

➢ Alkoholpsychose/-halluzinose: tritt selten auf, bildet sich bei Abstinenz zurück, ist aber nach 6 Monaten nicht reversibel; Symptome:

- Akustische Halluzinationen
- Angst
- Sehr häufig Eifersuchtswahn

8.1.3 Verlauf nach Jellinek:

- Voralkoholische Phase: Trinken schafft Erleichterung, bald schon wird täglich Alkohol konsumiert

- Anfangsphase (Prodromalphase): wiederholter Rausch mit Erinnerungslücken; versucht, das Trinken zu verheimlichen, hat Schuldgefühle; benötigte

Alkoholmenge erhöht sich nach und nach (Toleranzentwicklung)

- Kritische Phase: verliert die Möglichkeit der willentlichen Beeinflussung; Probleme im soz. Umfeld; das Trinken findet zunehmend bereits morgens statt; Vernachlässigung der Ernährung; körperliche Symptome; der Konsum wird bagatellisiert und dissimuliert „...das kriege ich schon selbst wieder hin…"

- Chronische Phase: tagelange Räusche, vorübergehende Psychosen; zur Not werden Ersatzstoffe getrunken (Parfüm); Alkoholtoleranz geht verloren, d.h. es wird weniger vertragen; Alkoholentzugssyndrome; soweit unten, dass Hilfe von außen am ehesten angenommen wird und er sich in Behandlung begibt

- Rehabilitationsphase: ehrlicher Wunsch nach Hilfe; erlangen Selbstachtung und schöpfen Hoffnung und neuen Mut; durchschnittliche Lebenserwartung: -10 bis -15 Jahre; häufigste Todesursachen Selbstmord, Unfälle, Leberzirrhose, Krebs

8.1.4 Diagnostik:

- Nach ICD-10 wird von Abhängigkeit gesprochen, wenn im Verlauf des letzten Jahres mind. 3 der folgenden Kriterien erfüllt wurden:

- Wunsch oder Zwang, Alkohol zu trinken
- Keine Kontrolle bezüglich Beginn, Beendigung und Menge
- Entzugssymptome bei Beendigung oder Reduzierung
- Erhöhung der Menge notwendig, um Wirkung zu erzielen (Toleranz)
- Keine anderen Interessen mehr
- Fortsetzung auch bei Wahrnehmung soz., körperl. und psych. Folgen
- Erhebung des Trinkverhaltens (z.B. MALT ‑ Münchner Alkoholismus Test nach Feuerlein
- Internistische Untersuchung
Wichtigste Differenzialdiagnose: Depression!

8.1.5 Therapie:

- Erfolgsquote Langzeittherapie 50%
- Entscheidend für Erfolg und Prognose ist die Phase der Rehabilitation

- Förderliche Faktoren: intakte Partnerschaft, bestehendes Arbeitsverhältnis, mittleres Lebensalter
- Therapie lässt sich in folgende Stufen unterteilen:
  1. Motivationsphase: muss sich selbst als krank und hilfebedürftig erkennen

  2. Körperliche Entgiftung: stets stationär für 1-2 Wochen, wenn bereits körperliche Schäden bestehen auch länger

  3. Stationäre Entwöhnung: absolute Abstinenz!; mehrere Monate (zwischen 1-6 Monaten); Gruppengespräche, Verhaltenstherapie, Selbstsicherheitstraining, Erlernen von Selbstkontrolle, Training soz. Kompetenz; tiefenpsychologische Verfahren, Familientherapie, Medikamente (tlw.)

  4. Ambulante Nachbetreuung (Dauer bis zu Jahren)/Rehabilitation: Rückfall im 1. Jahr am größten; regelmäßige Teilnahme an einer Selbsthilfegruppe, Psychotherapie

Stadien des Alkoholentzugs:

1. Vegetativer Entzug: Symptome Tremor, Übelkeit, Tachykardie, Appetitlosigkeit, depressive Verstimmung, innere Unruhe – keine Therapie oder Clomethiazol erforderlich

2. Prädelir: zusätzliche Symptome ängstliche Unruhe, Entzugskrampf, Suggestibilität, vereinzelt Halluzinationen, Schreckhaftigkeit – Therapie mit Clomethiazol oder Clonidin

3. Delirium tremens: Desorientierung (Ort, Zeit), optische Halluzinationen, wahnhaftes Erleben, schwere psychomotorische Unruhe – Therapie mit Clomethiazol oder Clonidin

8.1.6 Prognose:

➢ „Drittelregel": ein Drittel gebessert, ein Drittel ungebessert, ein Drittel abstinent

8.2 Drogen- und Medikamentenabhängigkeit:

➢ Abhängigkeitserzeugende Substanzen:

• Opiatabhängigkeit:

  o Zu den Opiaten zählen Opium, Morphium, Heroin und Codein (in vielen Hustenmitteln) sowie eine Reihe von Schmerzmitteln (Analgetika wie Valoron, Tramal); werden besonders bei Schmerzbekämpfung von

Schwerstkranken eingesetzt (z.B. Krebstherapie), diese sind aber i.d.R. nicht „suchtgefährdet "; haben von allen Drogen das höchste Suchtpotenzial und führen sehr schnell zu einer Toleranzentwicklung; wirken schmerzstillend, schlaffördernd, euphorisierend und reaktionsverlangsamend – psychische und körperliche Abhängigkeit

- Cannabinoide:

  o Bezeichnung Haschisch (harzige Substanz) oder Marihuana (Pflanzenblätter); Inhaltsstoff THC (Tetrahydrocannabinol); keine körperliche, aber psychische Abhängigkeit; illegal; „Einstiegsdroge ", Veränderung des Raum- / Zeiterlebens, beeinträchtigtes Urteilsvermögen

- Sedativa und Hypnotika:

  o Barbiturate und Benzodiazepine (Tranquilizer); bekannteste Vertreter der Benzodiazepine ist Diazepam (Valium); wirken bewusstseinsdämpfend, schlaffördernd und verlangsamen die Körperfunktionen; körperliche und psychische Abhängigkeit, schnelle Toleranzentwicklung

- Kokain:

  - Kokastrauch (Südamerika); geschnupft, inhaliert oder gespritzt; zu Crack umgewandelt noch höheres Suchtpotenzial; kann bereits bei 1. Einnahme abhängig machen – starke psychische, aber keine körperliche Abhängigkeit

- Sonstige Stimulanzien:

  - Amphetamine („Speed "), bei ADS eingesetztes Methylphenidat (Ritalin), einige Appetitzügler, Koffein – psychische Abhängigkeit, aber keine körperliche

- Halluzinogene:

  - LSD, Meskalin (Peyote-Kaktus), Psilocybin (Psilocybe-Pilz, Magic Mushroom), MDMA („Ecstasy "); unterschiedliche psychische, aber keine körperliche Abhängigkeit

- Tabak

- Flüchtige Lösungsmittel:

  - Benzin, Klebstoffe, Verdünner, Nagellackentferner, Sprühfarben; psychische, aber keine körperliche Abhängigkeit; extrem gesundheitsschädlich

8.2.1 Symptome:

- ➢ Opioide:

- • Auswirkungen längeren Missbrauchs: wirken betrunken, Einstichstellen, Wesensveränderungen, häufige Infektionen mit Hepatitis oder HIV, Müdigkeit, kleine Pupillen, trockene fahlgraue Haut, verlangsamter Herzschlag, Übelkeit, Frösteln, Zittern, Koma, Gewichtsverlust, Verstopfung, Impotenz

- • Entzugssymptome: Unruhe, laufende Nase, erweiterte Pupillen, Bauchkrämpfe, Muskelschmerzen, Schlaflosigkeit

- ➢ Cannabinoide:

- • Kurzfristiger Wirkmechanismus: Euphorie, Gefühl der Großartigkeit, Beruhigung, Sorglosigkeit, gerötete Augen, Mundtrockenheit, gesteigerter Appetit

- • Auswirkungen längeren Missbrauchs: Lethargie, beeinträchtigte Leistungsfähigkeit und Verkehrstüchtigkeit, Horrortrip, Flashbacks

- ➢ Sedativa und Hypnotika:

- • Auswirkungen längeren Missbrauchs: Gangunsicherheit, undeutliche Sprache, allgemeine Verlangsamung, Apathie, Euphorie, aggressives

Verhalten, Stimmungsschwankungen, Gedächtnislücken

- Entzugssymptome: ein körperlicher Entzug kann heftiger verlaufen als bei Heroin und als Delir zum Tod führen, Unruhe, Zittern, Schwitzen, Schlaflosigkeit, Angst, Schwäche, Muskelkrämpfe, Gliederschmerzen, Krampfanfälle des Gehirns, Entzugsdelir mit Halluzinationen

➤ Kokain:

- Kurzfristiger Wirkmechanismus: euphorisierend, luststeigernd, Pupillenerweiterung, bei abklingender Wirkung Apathie, Depression, Halluzinationen, Reizbarkeit, Suizidalität, Aggressivität

- Auswirkungen längeren Missbrauchs: starke psych. Abhängigkeit, Aufwendung großer Geldmengen für Beschaffung, Vernachlässigung soz. und beruflicher Verpflichtungen, Angst, Depression, Kokainpsychosen mit Delir, Wahn und Halluzinationen

- Entzugssymptome (treten nicht immer auf): Schlafstörungen, körperliche Unruhe,

➤ Sonstige Stimulanzien: wie Kokain

➤ Halluzinogene:

- Kurzfristiger Wirkmechanismus: intensivere Wahrnehmung von Gefühlen

- (positiv + negativ), Depersonalisation, Pupillenerweiterung, beschleunigter Herzschlag, Schwitzen, Zittern, Verwirrung, Misstrauen, Gefühl von Kontrollverlust

- Auswirkungen längeren Missbrauchs: psych. Abhängigkeit, Auslösen von Schizophrenien, Beeinträchtigung des Gedächtnisses und des abstrakten Denkens, Flashbacks

- Entzugssymptome: keine

> Lösungsmittel:

- Kurzfristiger Wirkmechanismus (sofort): Euphorie, Entspannung, Halluzinationen, Schwindel, aggressives Verhalten, Zittern, Sehstörungen, Übelkeit, Koma

- Auswirkungen längeren Missbrauchs: schulische bzw. berufliche Schwierigkeiten, Schädigung des Nervensystems, Leber- und Nierenschäden

- Entzugssymptome: keine

> Tabak:

- Kurzfristiger Wirkmechanismus: harmonisierend, beruhigend

- Auswirkungen längeren Missbrauchs: Erkrankungen der Atemwege und des Herz-Kreislauf-Systems

- Entzugssymptome: depressive Stimmung, schlechte Laune, Schlaflosigkeit, Konzentrationsschwierigkeiten, Angst, Unruhe, Gewichtszunahme

8.2.2 Therapie:

➤ Wie bei Alkoholismus!

➤ Opioide: körperlicher Entzug immer stationär; „kalter Entzug " ohne Medikamente, „warmer Entzug " mit Medikamenten

➤ Methadon: Ersatzdroge; ebenfalls suchterzeugend, aber keine psych. Wirkung

➤ Tabak: Hypnotherapie, Verhaltenstherapie, Nikotinpflaster, Ohrakkupunktur

8.2.3 Diagnosekriterien nach ICD-10:

1. Ein starker Wunsch oder eine Art Zwang, psychotrope Substanzen zu konsumieren (Craving).

2. Verminderte Kontrollfähigkeit bezüglich des Beginns, der Beendigung und der Menge des Konsums.

3. Ein körperliches Entzugssyndrom bei Beendigung oder Reduktion des Konsums.

4. Nachweis einer Toleranz (um die ursprünglich durch niedrigere Dosen erreichten Wirkungen hervorzurufen, sind zunehmend höhere Dosen erforderlich).

5. Fortschreitende Vernachlässigung anderer Vergnügungen oder Interessen zugunsten des Substanzkonsums oder erhöhter Zeitaufwand zur Substanzbeschaffung oder um sich von den Folgen zu erholen.

6. Anhaltender Substanzkonsum trotz Nachweis eindeutiger schädlicher Folgen.

Es müssen irgendwann innerhalb des letzten Jahres mindestens drei der Kriterien <u>gleichzeitig</u> vorhanden gewesen sein!

Ein Abhängigkeitssyndrom ist durch ein starkes Verlangen nach einer psychotrop wirksamen Substanz, Kontrollverlust, körperliche Entzugssymptome, Toleranzentwicklung, Einengung auf den Substanzgebrauch und Fortsetzung des Konsums trotz schädlicher Konsequenzen gekennzeichnet. Ein schädlicher Gebrauch einer Substanz besteht, wenn deren Einnahme zu körperlichen, psychischen oder sozialen Problemen führt.

9 Formale Denkstörungen

= Störungen des Denkablaufs. Zusammenhang und Geschwindigkeit des Denkens sind verändert. Sie sind nicht krankheitsspezifisch, sondern geben lediglich diagnostische Hinweise, die erst mit anderen Kriterien zu einer Diagnose führen

> ➢ einige Störungen können auch bei gesunden Menschen in bestimmten Situationen auftreten, z.B. vor einer Prüfung (Grübeln), nach Übermüdung (Denkverlangsamung)

9.1 Formen:

- *Denkverlangsamung:* Denken ist schleppend und verlangsamt. Gespräche verlaufen träge und zähflüssig.

- *Denkhemmung:* Denken ist gebremst oder blockiert.

- *Umständliches Denken:* Weitschweifigkeit in den Äußerungen. Nebensächliches wird nicht vom Wesentlichen getrennt; inhaltlicher Zusammenhang des Gedachten ist jedoch gegeben

- *Eingeengtes Denken:* Einschränkung des inhaltlichen Denkumfangs. Verhaftet sein an ein Thema oder wenige Themen. Patient kann kaum das Thema wechseln oder kehrt immer wieder dahin zurück.

- *Perseverationen:* ständiges Wiederholen von gleichen Gedanken, Fragen, Befürchtungen und Redewendungen, die im aktuellen Zusammenhang nicht mehr sinnvoll sind.

- *Grübeln:* ständiges Beschäftigtsein mit meist unangenehmen Themen. Patient kreist immer wieder um die gleichen Denkinhalte, ohne diese als fremd zu erleben. Inhalte stehen meist in Zusammenhang mit der aktuellen Lebenssituation.

- *Gedankendrängen:* viele Einfälle bzw. ständig wiederkehrende Gedanken führen zu dem Gefühl des Unter-Druck-Stehens. Patient fühlt sich den Gedanken ausgeliefert.

- *Ideenflucht:* die Betroffenen sind nicht in der Lage, längere Gedankengänge zu Ende zu bringen, da sie ständig neuen Assoziationen und Einfällen nachgehen. Das Ziel eines Gespräches wechselt ständig oder geht verloren.

- *Vorbeireden:* es wird nicht auf die gestellte Frage eingegangen. Inhaltlich wird etwas völlig anderes hervorgebracht, obwohl ersichtlich ist, dass die Frage verstanden wurde. Vorbeireden ist nicht beabsichtigt.

- *Sperrung des Denkens / Gedankenabreißen:* bei Schizophrenie (Patient nimmt das Abreißen der Gedanken als Fremdbeeinflussung wahr).

- *Zerfahrenheit / Inkohärenz:* Denken und Sprechen des Patienten sind in ihrem Zusammenhang unverständlich, im Extremfall kann der Satzbau zerstört und bis in einzelne Satzgruppen oder Gedankenbruchstücke zerrissen sein. Schizophrenie, symptomatische Psychosen, Delir

- *Perseverationen, Neologismen (Wortneubildungen), Verbigeration (stereotypes, rhythmisches Wiederholen von isolierten Wörtern oder Wortbruchstücken):* bei Schizophrenie

10 Angststörungen

➢ Phobien: Angst tritt überwiegend in spezifischen Situationen oder bei Kontakt mit bestimmten Objekten auf, die an sich genommen ungefährlich sind. Phobische Angst tritt häufig gleichzeitig mit Depression auf; besonders die Agoraphobie

➢ sonstige Angststörungen (generalisierte Angst, Panik): Angst tritt situationsunabhängig auf. Beginn meist zwischen 15 und 35, Frauen häufiger betroffen.

10.1 Symptome:

- Körperliche Symptome: Herzklopfen, schneller Puls, Herzrasen, Schwitzen, Zittern, Atemnot, Übelkeit, Mundtrockenheit, Schwindel, Hitzewallungen, Kribbeln, allgemeines Schwächegefühl

- Psychische Symptome: siehe Panikstörungen

- Soziale und gesundheitliche Folgen (längerfristig): Unfähigkeit, bestimmte Dinge zu tun, Berufsunfähigkeit, Abhängigkeit von Bezugspersonen, Depressionen, Substanzmissbrauch

➢ Bei bis zu 50% besteht zusätzlich eine Depression; 15% Selbstmordversuche

➢ Angstsymptome bei Kindern: Weinen, Wutanfälle, Erstarren, Anklammern

10.2 Formen:

- *Agoraphobie = Platzangst:* Meiden öffentlicher Plätze, Meiden von Menschenmengen, Meiden, alleine zu reisen oder von Reisen in größere Entfernungen; im Extremfall wird die Wohnung nicht mehr verlassen; 30% der Agoraphobiker sind so stark in ihrer Beweglichkeit eingeschränkt, dass sie ihren beruflichen und privaten Verpflichtungen nicht mehr nachkommen können; gehen häufig mit Panikstörung einher; ca. 5%

- *Soziale Phobie:* Dem Betroffenen fällt es schwer, sich in Situationen zu begeben, in denen sie im Mittelpunkt der Aufmerksamkeit stehen und von anderen Menschen kritisch beurteilt werden könnten (dies geschieht allerdings zumeist in kleinen Gruppen und nicht in Menschenmengen); er erkennt die Angst als sinnlos und übertrieben, es bestehen starke Minderwertigkeitsgefühle; beginnen meist im Jugendalter; ca. 8%

- *Spezifische Phobie:* anhaltende, deutlich ausgeprägte Angst vor bestimmten Situationen, Dingen oder Lebewesen: ca. 11%

  - Tiere, z.B. Spinnen, Schlangen, Mäuse
  - Umweltereignisse, z.B. Sturm, Gewitter, Feuer, Dunkelheit

- Anblick von Blut, Spritzen
- Spezifische Situationen, z.B. Busfahren, Fliegen, Aufzugfahren
- *Panikstörung:* es kommt zu wiederkehrenden schweren Angstattacken, die sich nicht auf bestimmte Situationen beziehen, sie entstehen ohne ersichtlichen Anlass und sind deshalb nicht vorhersehbar; beginnen plötzlich und mit starken körperlichen Reaktionen; damit verbunden Gefühle der Entfremdung (Depersonalisation, Derealisation), des Kontrollverlusts sowie der Angst, wahnsinnig zu werden oder zu sterben; Attacken dauern durchschnittlich 30 min; werden häufig als vegetative Dystonie (vielfältige Störungen in körperlichen Abläufen), vegetatives Syndrom oder funktionelles kardiovaskuläres Syndrom fehldiagnostiziert; ca. 3%

- *Generalisierte Angststörung:* bezieht sich nicht auf bestimmte Situationen; nicht so hochakut wie Panikattacke; über Monate folgende Symptome:

  - Befürchtungen, z.B. Geldsorgen, Gesundheit
  - Starke Anspannung, z.B. körperliche Unruhe, Spannungskopfschmerz
  - Vegetative Übererregung, z.B. Schwitzen, ständige Nervosität, ständiges Sich-Sorgen; ca. 7%
  - Können Ängste nicht kontrollieren, obwohl sie wissen, dass sie unbegründet und übertrieben sind; entwickelt sich langsam
  - Angst ist freiflottierend

- ➢ Bei Phobien weiß der Patient, wovor er Angst hat und kann sie vermeiden.
- ➢ Bei Panikstörungen weiß der Patient nicht, wovor er Angst hat.
- ➢ Bei der generalisierten Angst ist die Angst ständig da; die Angst hält länger als 6 Monate an.
- ➢ Panikstörungen nehmen unbehandelt oft einen chronischen Verlauf.
- ➢ Unbestimmte Angst = Angstneurose

10.3 Diagnostik:

Ausführliche ärztliche Untersuchung, um körperliche Ursachen für Symptome auszuschließen; auch andere psych. Ursachen müssen ausgeschlossen werden; eigentliche Diagnostik aus Schilderungen des Patienten; häufig eingesetzter Test Hamilton-Angstskala (HAMA)

10.4 Differenzialdiagnose:

- • Org. Erkrankungen, wie Hyperthyreose (Überfunktion SD), Diabetes mellitus, akute Herz-Kreislauferkrankungen und hirnorganische Krankheiten (z.B. Epilepsie)

- Depressionen
- Schizophrenien
- Abhängigkeitserkrankungen und Demenzen
- Posttraumatische Belastungsstörungen
- Phobien (Unterscheidung Agoraphobie + soziale Phobie)
- Hypochondrische Störung
- Selbstunsichere Persönlichkeitsstörung (in Abgrenzung zur soz. Phobie)

10.5 Therapie:

➢ Vor allem durch Verhaltenstherapie, Psychopharmaka, tiefenpsychologisch orientierte Psychotherapie

- Kognitive Verhaltenstherapie:
    - Reizkonfrontation (Expositionsbehandlung): wenn deutlich erkennbare Auslöser bestehen und Patient klares Vermeidungsverhalten zeigt
    - Gruppentherapie: bei Sozialphobie; Rollenspiele, Selbstsicherheitstraining
    - Kognitive Therapie: bei generalisierter Angststörung; konsequente mentale Konfrontation mit sorgenvollen Gedanken (angemessenes Denken wird eingeübt)
    - Entspannungsverfahren: progressive Muskelentspannung

- Psychopharmaka:

> Medikamentöse Therapie sollte immer von Psychotherapie begleitet werden

  - Antidepressiva: Langzeitbehandlung; Wirkung erst nach 2-3 Wochen
  - Benzodiazepine: gehören zu den Tranquilizern; können abhängig machen; keine Langzeittherapie; bei Panikstörungen
  - Beta-Rezeptorenblocker: zur Kontrolle der körperlichen Symptome
  - Neuoleptika: bei Patienten mit Suchtgefährdung mögliche Alternative zu Benzodiazepinen
- Tiefenpsychologisch orientierte Psychotherapie: Langwieriger als Verhaltenstherapie

- Weitere Maßnahmen:

  - Hypnotherapie
  - Körperliche Aktivität
  - Autogenes Training, Yoga

Basis jeder Verhaltenstherapie ist die Verhaltensanalyse, d.h. die Analyse der Panikattacke. Die Verhaltensanalyse auf Symptomebene wird nach dem so genannten S-O-R-K-Schema erstellt:

S = Stimulus: der Auslösereiz, der das Problemverhalten hervorruft, z.B. große Plätze

O = Organismusvariable: organische Faktoren (Schlafmangel, Alkohol, Drogen etc.), aber auch Erwartungen und Normvorstellungen (Vorstellungen über gesellschaftliche Normen, was „normal","„richtig","„passend" ist), die das Auftreten des Problemverhaltens begünstigen.

R = Reaktion: das auf den Stimulus folgende problematische Verhalten, wobei man folgende Ebenen unterscheidet:

- Kognitive Reaktion: Gedanken, die während des Problemverhaltens oft automatisch ablaufen, z.B. Gedanken, tot umzufallen, hilflos zu sein, ein Herzversagen zu erleiden etc.

- Emotionale Reaktion: Gefühle, die das Problemverhalten begleiten, z.B. bestehende Angst, Hilflosigkeit, Anspannung

- Motorische Reaktion: die beobachtbare Reaktion, z.B. weglaufen, Vermeidungsverhalten

- Physiologische Reaktion: somatische Begleiterscheinungen, z.B. vegetative Symptome wie Tachykardie, Tremor

K = Konsequenzen des Verhaltens: Hier unterscheidet man als positiv oder negativ erlebte kurz- oder langfristige Konsequenzen

10.6 Das Teufelskreis-Modell der Angst:

Das „Teufelskreis-Modell " beschreibt die Entstehung und das Aufrechterhalten der Panikstörung aus lerntheoretischer Sicht. Die Verknüpfung zwischen psychischen und körperlichen Faktoren führt dabei durch positive Rückkopplung zu einem sich selbst aufrechterhaltenden Kreislauf. Obwohl das Auftreten von Panikattacken nicht vorhersehbar ist, befürchten die Patienten einen erneuten Angstanfall, wenn sie sich wieder in einer Situation befinden, in der sie schon einmal mit dieser Todesangst konfrontiert waren. Körperliche Phänomene wie z.B. der Herzschlag werden verstärkt wahrgenommen und im Sinne einer drohenden Gefahr interpretiert, man spricht hierbei von kognitiver Fehlattribution. Diese subjektiv empfundene Gefahr steigert wiederum die Angst, was selbstverstärkend zu einer Zunahme der körperlichen Symptome führt. Diese Eskalation führt sowohl zu einem konstant ansteigenden Angstniveau als auch zu ausgeprägter Angst vor der Angst (Erwartungsangst).

11 Persönlichkeitsstörungen

= Persönlichkeitsmerkmale (z.B. Schüchternheit, Misstrauen) sind in einer Art und Weise so ausgeprägt, dass sie subjektiven Leidensdruck hervorrufen und mit sozialen

Beeinträchtigungen einhergehen; Beginn meist in der Pubertät oder frühem Erwachsenenalter; erleben sich nicht als krank; werden meist neben anderen psych. Störungen diagnostiziert

- Persönlichkeitsstörungen beginnen in der Kindheit oder Adoleszenz und dauern bis ins Erwachsenenalter an; schwere Störung der charakterlichen Konstitution und des Verhaltens, die mehrere Bereiche der Persönlichkeit betrifft

11.1 Formen und Symptome:

- ➢ Bei allen Formen kommt es zu deutlichen Leistungseinbußen im privaten, sozialen und beruflichen Bereich!

- *Paranoide PS:* Handlungen anderer werden als absichtlich erniedrigend oder bedrohlich interpretiert (misstrauisch, streitsüchtig, empfindlich, übertrieben, eifersüchtig)

- *Schizoide PS:* Gleichgültigkeit gegenüber soz. Beziehungen (verletzbar, empfindlich, soz. Distanziertheit, Jähzorn, fehlende Anpassung, emotionale Kühle, Kontakthemmung, Einzelgänger); Symptome einer Schizophrenie treten nicht auf

- *Dissoziale PS:* verantwortungsloses, antisoziales Verhalten (Missachtung von soz. Regeln, aggressiv, gewalttätig, Tendenz zu kriminellem Verhalten, beziehungsunfähig, Schlafstörungen, andauernde Reizbarkeit)

- *Emotional instabile PS:* Impulse werden ausagiert, ohne Konsequenzen zu berücksichtigen; instabile zwischenmenschliche Beziehungen; Typen:

  o *Impulsiver Typ:* starke unangemessene Affektausbrüche, mangelnde Impulskontrolle; bei Kritik häufig gewalttätiges Verhalten

  o *Borderline-Typ:* Unbeständigkeit des Selbstbildes, Unklarheit über Ziele, intensive, aber instabile Beziehungen, selbstverletzende Handlungen, Suizidgedanken, Gefühl von Leere (geht auf Abgrenzung zwischen Neurose und Psychose zurück: Grenzlinie (Borderline); dissoziative Zustände, wahnhaftes Beziehungserleben, Depersonalisationserleben); Patienten zeigen impulsive Gefühlsausbrüche, die in Verstimmungen, in flottierenden Ängsten münden und sogar Wahnaspekte aufweisen können – im Gegensatz zur Schizophrenie fehlen aber die formalen Denkstörungen

- *Histrionische PS:* überdurchschnittliche Emotionalität mit übergroßem Verlangen nach Aufmerksamkeit (theatralischer Ausdruck von Gefühlen, leicht beeinflussbar)

- *Anankastische (zwanghafte) PS:* Perfektionismus, Sparsamkeit, Pedanterie

- *Ängstlich-vermeidende PS:* Anspannung, Besorgtheit, Schüchternheit und Angst vor negativer Beurteilung (Vermeidung von beruflichen oder sozialen Kontakten aus Furcht vor Kritik oder Ablehnung, Minderwertigkeitsgefühle, verletzbar)

- *Abhängige (asthenische) PS:* Selbstwahrnehmung als hilflose und inkompetente Person (Abhängigkeit von anderen Personen, Angst vor Alleinsein und Verlassenwerden, Gefühl der Schwäche)

- *Narzisstische PS:* Großartigkeit (in Fantasie oder Verhalten)(Bedürfnis nach Bewunderung, arrogant, überheblich, einzigartig, aber gleichzeitig instabiles Selbstwertgefühl); kritikempfindlich, Versagensangst

- *Schizotype PS:* soziale und zwischenmenschliche Defizite mit Unbehagen in engen Beziehungen und mangelnde Fähigkeit, diese einzugehen

11.2 Diagnostische Leitlinien

1. Deutliche Unausgeglichenheit in den Einstellungen und im Verhalten in Bereichen wie Affektivität, Antrieb, Impulskontrolle, Wahrnehmen, Denken, Beziehungen

2. Verhaltensmuster ist andauernd und gleichförmig

3. Verhaltensmuster ist tiefgreifend und in vielen Situationen unpassend

4. Störungen beginnen immer in der Kindheit oder Jugend und manifestieren sich dauerhaft

5. Führt zu deutlichem subjektiven Leiden

6. Ist meistens, aber nicht stets, mit deutlichen Einschränkungen der beruflichen und sozialen Leistungsfähigkeit verbunden

➢ Mind. 3 Eigenschaften müssen vorliegen!

11.3 Diagnostik:

Diagnose darf erst im Erwachsenenalter gestellt werden! Fremdanamnese oder längerer Beobachtungszeitraum in Klinik notwendig.

11.4 Differenzialdiagnose:

Bei PS tritt das auffällige Verhalten unflexibel, unangepasst und überdauernd auf.

11.5 Verlauf und Prognose:

Beginn in der Pubertät bis spätestens mit Beginn im 2. Lebensjahrzehnt; viele Jahre oder lebenslang, ein Drittel günstiger Verlauf, ein Drittel kompromisshaft und ein Drittel ungünstig

11.6 Therapie:

> PS ist nicht heilbar, aber durch therapeutische Maßnahmen Linderung und Kompensation

- Tiefenpsychologische Therapie: mit jahrelangen Therapieverläufen ist zu rechnen; Arbeit mit Patienten weniger aufdeckend und einsichtsorientiert, sondern mehr stützend und Ich-stärkend

- Verhaltenstherapie

- Pharmaka (Antidepressiva, Anxiolytika, Lithium)

12 Posttraumatische Belastungsstörung (PTBS)

Die Posttraumatische Belastungsstörung = entsteht als eine verzögerte oder protrahierte (in die Länge gezogene) Reaktion auf ein einschneidendes, existentiell bedrohliches Ereignis oder eine Situation kürzerer oder längerer Dauer mit außergewöhnlicher Bedrohung oder katastrophenartigem Ausmaß. Dabei muss es nicht zwangsläufig die eigene Person betreffen (z.B. Zeuge bei einem tödlichen Unfall). Das heißt, es handelt sich um eine psychische Reaktion, die eindeutig (unabdingbar) auf außergewöhnlich belastende Lebensereignisse zurückzuführen sind (Traumafolgestörung).

12.1 Ursachen:

Entstehen immer als direkte Folge der akuten schweren Belastung oder des kontinuierlichen Traumas; das belastende Ereignis oder die andauernden, unangenehmen Umstände sind primäre und ausschlaggebende

Kausalfaktoren und die Störung wäre ohne diese Einwirkung NICHT entstanden.

Traumatisierende Lebensereignisse können sein:

- Individuelle Gewalt: Vergewaltigung, Zeuge oder Opfer von Gewalttaten, versuchter Raubmord, Geiselhaft, Körperverletzung, Folter, Entführung

- Kollektive Gewalt: Kriegsereignisse, Vertreibung oder Flucht aus der Heimat, unmenschliche Haftbedingungen, Aussteiger aus Sekten

- Naturkatastrophen: Feuer, Erdbeben, Lawinenunglück, Blitzeinschlag, Überschwemmung

- Technische Katastrophen: schwerer Autounfall, Explosion, Flugzeug- oder Zugunglück, Arbeitsunfall, Chemieunfall

- Körperliche oder psychische Extrembelastungen: schwere Verbrennungen, schwerer allergischer Schock, überlebter Herzstillstand, lebensbedrohliche Erkrankungen, Fehl- oder Totgeburt, Verlust eines Kindes

12.2 Symptome

Die Beschwerden treten meist verzögert auf. Die Störung beginnt im Allgemeinen aber innerhalb eines Monats nach dem belastenden Ereignis und hält meist nicht länger als 6 Monate an. Die Symptomatik ist umso ausgeprägter je größer die eigene Gefährdung und Betroffenheit war, je mehr Todesgefahr oder Verletzung erlebt wurde, je enger und persönlicher die Beziehung zum Täter war oder je länger das traumatische Geschehen andauerte.

Symptome lassen sich in 3 Gruppen zusammenfassen:

- Wiederholtes Erleben des Traumas: Alpträume oder Flashbacks (Dabei fühlt sich die Person für kurze Zeit, meist einige Sekunden und selten länger als drei Minuten, in die Situation zurückversetzt bzw. erlebt sie erneut. Diese Art von Flashback ist also nur eine besondere Form intensiver Erinnerung), ständiges Wiedererleben des Traumas in Gedanken, das Vermeiden von Reizen, die an das Trauma erinnern, heftige seelische und körperliche Reaktionen durch Reize, die an das Ereignis erinnern (z.B. Jahrestag des Ereignisses)

- Emotionaler und sozialer Rückzug: Unfähigkeit, sich an zuvor angenehmen Tätigkeiten zu erfreuen, reduzierte Fähigkeit Gefühle zu empfinden, quälende Schuldgefühle bezüglich anderer betroffener

Menschen, verminderte affektive
Schwingungsfähigkeit

- Nervliche und körperliche Übererregtheit:
  Schlafstörungen (Ein- oder Durchschlafstörungen,
  Alpträume), Angst vor dem Alleinsein, teils mit
  Kontrollzwängen (sind Türen und Fenster wirklich
  abgeschlossen?), selbstschädigendes und impulsives
  Verhalten, Schreckhaftigkeit, ständiges Gefühl des
  Bedrohtseins

12.3 Diagnostische Leitlinien

Die Störung soll nur dann diagnostiziert werden, wenn sie
innerhalb von 6 Monaten nach einem traumatisierenden
Ereignis von außergewöhnlicher Schwere aufgetreten ist.
Eine „wahrscheinliche" Diagnose kann auch dann gestellt
werden, wenn der Abstand zwischen dem Ereignis und dem
Beginn der Störung mehr als 6 Monate beträgt,
vorausgesetzt, die klinischen Merkmale sind typisch und es
kann keine andere Diagnose (wie Angst- oder
Zwangsstörung oder depressive Episode) gestellt werden.

Zusätzlich zu dem Trauma muss eine wiederholte
unausweichliche Erinnerung oder Wiederinszenierung des
Ereignisses in Gedächtnis, Tagträumen oder Träumen
auftreten.

12.4 Traumatypisierung

Trauma = „bio-psycho-soziale Schädigung"

Typ I: kurzfristig, unerwartet und heftig. Beispiele: Naturereignisse, technische Katastrophen, Unfälle, vorsätzliche Übergriffe wie Raubüberfälle, plötzlicher Tod von nahe stehenden Menschen u.a.

Typ II: anhaltend, wiederholt und komplex. Beispiele: politische Haft, Geiselhaft, Kriegsgefangenschaft, Folter, Flucht, wiederholte sexuelle Gewalt wie Kindesmissbrauch

12.5 Therapie:

Eine manifeste (chronische) PTBS verschlechtert die Prognose anderer somatischer und psychischer Erkrankungen.

Stabilisierung VOR Traumaexposition (d.h. gedankliche und gefühlsmäßige „Bearbeitung").

Die Behandlung von Posttraumatischen Belastungsstörungen ist sehr schwierig und ist nur erfahrenen Therapeuten vorbehalten, die hierfür speziell ausgebildet sind. Im Umkehrschluss heißt das, dass HP Psy diese Störung NICHT behandeln dürfen.

Therapieformen bei Posttraumatischen Belastungsstörungen sind die EMDR (Eye Movement Desensitization an Reprocessing), Hypnotherapie nach Erickson und Psychopharmaka (Antidepressiva und selten auch Anxiolytika).

13 Psychosomatische Krankheiten „Holy seven"

„Holy seven" = Spezifische intrapsychische, unbewusste Konflikte sind für spezifische Krankheiten verantwortlich: Magen- und Zwölffingerdarmgeschwür, Dickdarmentzündung, Asthma bronchiale, Schilddrüsenüberfunktion, Bluthochdruck ohne org. Ursache, rheumatoide Arthritis, Neurodermitis

14 Einweisung gegen den Willen

14.1 Unterbringung:

- Voraussetzung für eine Zwangseinweisung ist neben dem Vorliegen einer psychischen Erkrankung das Vorhandensein einer akuten Gefahr für die eigene Person oder andere Personen (Eigen- und Fremdgefährdung)

- An zuständige Behörde wenden (Polizei, Ordnungsamt)

- Vorläufige Unterbringung bis zum Ablauf des darauffolgenden Tages max. 24h (es muss gleichzeitig eine Unterbringung nach Unterbringungsrecht beantragt werden); darüber hinaus entscheidet Vormundschaftsgericht

- Unterbringung kann von einem Richter für bis zu 4 Wochen angeordnet werden, danach muss das Vormundschaftsgericht erneut entscheiden

- Wer eine vorläufige Unterbringung anregen oder veranlassen kann (Ordnungskräfte/Polizei, approbierte Ärzte, Fachärzte für Psychiatrie, Amtsärzte), ist in Deutschland Landesrecht (Unterbringungsgesetz, PsychKG)

- Eine Unterbringung betrifft meist Patienten mit einer schweren schizophrenen oder depressiven Psychose (Suizidgefahr), auch Patienten mit einer akuten Manie, desorientierte demente Patienten oder extrem untergewichtige Anorexie-Patienten, Erregungszustände

- Unterbringung nicht automatisch mit einer Betreuung verknüpft

- Psychiatrischer Notfall in der Praxis:

1. Davon überzeugen, dass er freiwillig ins Krankenhaus geht

2. Wenn unfreiwillig, dann Behörden benachrichtigen; nie alleine aus der Praxis gehen lassen

14.2 Betreuung:

Die Notwendigkeit einer Betreuung kann nur von einem Gericht festgestellt werden (Vormundschaftsgericht)

Betreuung kann gerichtlich angeordnet werden, wenn eine schwere körperliche, seelische oder geistige Behinderung vorliegt oder wenn der Betroffene unter einer schweren psychiatrischen Krankheit leidet

Bestellung eines Betreuers wirkt sich nicht auf Geschäftsfähigkeit aus

Soll eine gesetzliche Betreuung wegen einer psychischen Störung ausgesprochen werden, muss ein psychiatrisches Gutachten vorliegen

Betreuung normalerweise für einen bestimmten, begrenzten Zeitraum

BtG besteht aus vielen § § und Artikeln anderer Gesetze (vorwiegend BGB)

Unterbringung durch Betreuer geregelt in § 1906 BGB = hier
Unterbringung nur zulässig bei Vorliegen einer
Selbstgefährdung, nicht jedoch bei Fremdgefährdung

Max. Dauer der Unterbringung 2 Jahre

14.3 Weitere gesetzliche Möglichkeiten einer Unterbringung:

- § 63 StGB Maßregelvollzug zur Besserung und
  Sicherung, nachdem eine dem Täter nicht
  zurechenbare Straftat im Zustand einer seelischen
  Störung verübt wurde.

15 Psychiatrische Notfälle

1. Suizidalität

- Zu den wichtigsten Störungen, die häufig mit
  Suizidalität einhergehen, zählen Depressionen,
  Abhängigkeitserkrankungen,
  Persönlichkeitsstörungen und Schizophrenien.

- Besonders häufig sind alte und alleinstehende
  Menschen betroffen.

- Suizidankündigungen sind immer ernst zu nehmen.

- Immer aktiv nach suizidalen Gedanken fragen.

- Besonders gefährlich ist es, wenn der Patient bereits konkrete Vorstellungen hat, Vorbereitungen trifft und wenn es in der Anamnese bereits Suizidversuche gab.

- Therapeut sollte eine vertrauensvolle akzeptierende Gesprächsatmosphäre schaffen und dafür sorgen, dass der Patient nicht alleine bleibt.

- Der Patient sollte davon überzeugt werden, sich in stationäre Behandlung zu begeben.

- Sollte er nicht freiwillig in eine Einrichtung wollen, erfolgt die Zwangseinweisung.

2. Erregungszustände

- Hierbei kommt es zu einer ziellosen Steigerung des Antriebs und der Psychomotorik.

- Die Patienten leiden unter innerer Unruhe sowie vegetativen Symptomen wie Zittern, Herzklopfen, Schwitzen; sie können sich gereizt oder aggressiv verhalten.

- Können durch eine Vielzahl von psychischen Störungen ausgelöst werden, wie z.B. Schizophrenie, Manie, Persönlichkeitsstörungen,

Intelligenzminderungen, organische Hirnerkrankungen, agitierte Depression.

- Liegt Gefährdung der eigenen Person oder anderer Personen, muss der Patient stationär behandelt werden.

- Willigt der Patient nicht ein, erfolgt vorübergehende Unterbringung nach PsychKG.

- Medikamentöse Therapie orientiert sich an der zugrunde liegenden Störung.

3. Delir

- Geht mit Bewusstseinstrübung, Desorientiertheit, motorische Unruhe, erhöhter Suggestibilität und vegetativen Symptomen einher.

- Zusätzlich können Wahnsymptome und Halluzinationen auftreten.

- Entsteht am Häufigsten in Verbindung mit Alkohol- und Medikamentenentzug, auch im Zusammenhang mit körperlichen Erkrankungen und OP

- Medikamentöse Unterstützung von Entzugssyndromen vor allem Clomethiazol, Diazepam und Doxepin.

- Unbedingt stationäre Behandlung, da schweres Entzugssyndrom lebensgefährlich ist.

4. Hirnorganische Verwirrtheitszustände

- Folgen von Erkrankungen des Gehirns, aber auch andere körperliche Erkrankungen wie Unterzuckerung, Blutdruckkrisen oder schwere Herzrhythmusstörungen können zu Verwirrtheitszuständen führen.

- Desorientiertheit, Verkennen der Umwelt, verworrenes Denken und zusammenhangslos, Angst, Aggressivität.

- Medikamentöse Behandlung der körperlichen Grunderkrankung.

- Symptomatisch häufig Haloperidol, Diazepam (kurzfristig), Promethazin, Pipamperon.

- Bei Vorliegen einer Selbst- oder Fremdgefährdung stationäre Einweisung.

5. Substanzinduzierte Akutsituationen

- Durch Alkohol, Medikamente oder Drogen.

- Es muss umgehend eine intensiv-medizinische Diagnostik und Therapie durchgeführt werden.

- Es drohen Kreislaufversagen, Atemlähmungen oder Herzrhythmusstörungen.

6. Dämmerzustand

- Wird meist durch eine Epilepsie ausgelöst.

- Bewusstsein ist auf einen inneren Erlebnisbereich eingeengt und Kommunikation mit der Umwelt bricht ab.

- Es kann zu gefährlichen aggressiven Handlungen kommen.

- Müssen stationär behandelt werden und erhalten Diazepam.

7. Stupor

- Fehlen jeglicher körperlicher und seelischer Aktivitäten

- Obwohl Patienten wach sind, reagieren sie nicht auf Kontaktaufnahme.

- Kann im Rahmen von Schizophrenien, bei schweren Depressionen oder als Schreck- und Belastungsreaktion auftreten.

- Die Grundkrankheit muss medikamentös behandelt werden.

- Bei Schizophrenien z.B. mit hochpotenten Neuroleptika.

- Bei Therapieresistenz oder Lebensgefahr EKT

16 Das psychiatrische und psychotherapeutische Erstgespräch

➢ Der HPP muss Kenntnis haben über die relevanten Krankheitsbilder und deren Komplikationen

➢ In Fällen, die eine schwere Störung vermuten lassen, tut der HPP gut daran, die Patienten zur Abklärung und genaueren Diagnostik an einen Psychiater zu überweisen

➢ Körperliche Beschwerden oder Beschwerdebilder müssen erst vom Facharzt abgeklärt und organische Ursachen ausgeschlossen werden

16.1 Aufbau des psychiatrischen Erstgesprächs

➢ Der Untersucher muss zum einen für eine vertrauensfördernde Gesprächsatmosphäre sorgen und erste Grundlagen für ein Arbeitsbündnis legen.

1. Sorgfältige Beobachtung (Antrieb, Affekt, Art der Schilderung, Erscheinungsbild)

2. Psychopathologischer Befund

- Bewusstseinslage
- Orientierung
- Aufmerksamkeit
- Konzentration und Gedächtnis
- Ängste / Zwänge
- Formales Denken, inhaltliches Denken
- Wahrnehmungsstörungen
- Ich-Störungen
- Antrieb und Psychomotorik
- Affektivität
- Tagesrhytmik
- Schlaf
- Suizidalität

3. Persönliche und biographische Daten

4. Anamnese

- Frühere körperliche Erkrankungen
- Frühere seelische Erkrankungen
- Aktuelle Beschwerden
- Familienanamnese
- Fremdanamnese

16.2 Aufbau des psychotherapeutischen Erstgesprächs

1. Exploration des Anliegens

2. Aufklärung über das Vorgehen durch den Therapeuten (Strategie zur Erreichung des Zielzustands)

3. Klärung der Rahmenbedingungen (insbesondere Kosten, Termine, Regeln im Fall einer Absage, telefonische Erreichbarkeit des Therapeuten sowie die Schweigepflicht)

Achtung: In der Prüfung wird erwartet, dass der HPP all diejenigen Punkte mit dem Patienten abklärt und aktiv erfragt, die auch ein Psychiater (also psychiatrisches Erstgespräch) erfragen würde!!!

17 Nebenwirkungen der Psychotherapie

- Durch das Bewusstwerden der innerseelischen Konflikte kann es dem Patienten zunächst schlechter gehen (hier Psychoanalyse erklären)

- Ein Ergebnis der Psychotherapie kann zu Konsequenzen führen, die zunächst so nicht gewollt sind, beispielsweise überträgt der Patient dem Therapeuten die Entscheidung für eigene Lebensbereiche und macht sich damit abhängig

- Der Patient stärkt seine Willens- und Durchsetzungskraft, womit seine Umwelt nicht zurecht kommt

- Patient ist zwar Symptomträger, aber Hauptstörung liegt bei einem Familienmitglied (systemisch)

- Verlust des Vertrauensverhältnisses zwischen Therapeut und Patient

- Ungenügender Aufbau einer tragfähigen therapeutischen Beziehung

- Fehlende Aufklärung durch den Therapeuten

- Annehmen eines Patienten, ohne sich dem Fall ausreichend gewachsen zu fühlen bzw. Erfahrungen mit der Problematik nicht vorliegen

- Mangelhafte Diagnostik und Therapieplanung

- Therapiemethoden oder - techniken werden NICHT angewandt, obwohl allgemein bekannt ist, dass sie für ein umschriebenes Problem sehr wirkungsvoll sind

- Fehlende Intervision und Supervision des Therapeuten

- Persönliche Defizite und Probleme des Therapeuten

18 Gesetzeskunde für den Heilpraktiker (Psy)

18.1 Allgemeines

- Grundlage für die Berufsausübung des Heilpraktikers für Psychotherapie ist das HPG

- §1 Abs. 3 HPG sagt aus, dass es sich bei o.g. Titel um eine „geschützte Berufsbezeichnung" handelt

- §3 HPG – keine Tätigkeit im Umherziehen; Hausbesuche sind ok, wenn die Termine dafür in der Praxis vereinbart wurden

- Das Psychotherapeutengesetz gilt nicht für Heilpraktiker für Psychotherapie

- §24 Infektionsschutzgesetz ist nur Ärzten gestattet (ärztliches Behandlungsprivileg); Behandlungsverbot Zahnheilkunde, Behandlungsverbot nach Hebammengesetz, Behandlungsverbot nach Strafprozessordnung (z.B. Blutproben, die im Prozess verwendet werden), keine Verschreibungen, keine Notfallmedikation, Betäubungsmittelverschreibungen vom Heilpraktiker

(Psy) strafbar, Leichenschau und Totenschein nur Ärzten vorbehalten

- Im Strafprozess hat der Heilpraktiker für Psychotherapie keine Schweigepflicht, im Zivilprozess jedoch schon

18.2 Einschränkungen des Heilpraktikers für Psychotherapie

- Keine Heilungsversprechen
- Kein Umherziehen
- Keine Fernbehandlung (zumindest keine Werbung hierfür)

18.3 Pflichten des Heilpraktikers für Psychotherapie

- Sorgfaltspflicht
- Hilfspflicht
- Schweigepflicht
- Fortbildungspflicht
- Aufklärungspflicht
- Dokumentationspflicht
- Aufbewahrungspflicht (nach Abschluss 10 Jahre)

- Hygienepflicht
- Meldepflicht (Gesundheitsamt, Finanzamt)
- Meldepflicht nach Infektionsschutzgesetz (auch als Heilpraktiker für Psychotherapie)

19 Weitere wichtige Dinge für die Prüfung

1. Wie möchten Sie einmal arbeiten – komplementär oder alternativ medizinisch? Antwort: Ich arbeite komplementär!!!

   Komplementär = ich arbeite ergänzend mit Arzt oder Psychiater

   Medizinisch alternativ = ich ersetze den Arzt

2. Was sind die Verfahren in Deutschland, welche von den gesetzlichen Krankenkassen im Bereich der Psychotherapie bezahlt werden? Antwort: Die Verhaltenstherapie, Psychoanalyse und tiefenpsychologische Therapie. Die letzten beiden werden auch unter dem Oberbegriff Psychodynamische Therapie zusammengefasst.

3. Warum darf ich als Verhaltenstherapeut keine Ergotherapie anbieten? Antwort: Aufgrund meiner Sorgfaltspflicht; ich muss meine Grenzen in Wissen und Erfahrung als HPP kennen!

4. Die Grundlagen der Psychotherapie werden durch drei Bereiche charakterisiert, durch welche? Antwort:

- Humanistische Verfahren:

    - Gesprächspsychotherapie (GT) nach Rogers
    - Gestalttherapie (GS)
    - Psychodrama (PD)
    - TA
- Analytische Verfahren:

    - Klassische PA
    - Tiefenpsychologisch orientierte Therapie
- Ganzheitliche Verfahren:

    - Autogenes Training
    - Progressive Muskelentspannung

5. Was können Sie zur Hyperventilation bzw. Hyperventilationstetanie sagen?

Antwort:

- Tritt auf bei Angst, Wut, Aufregung, Stress, Aggression

- Die Atmung ist schnell und tief (zumeist nur Brust- und keine Zwerchfellatmung)

- Bei der Hyperventilation handelt es sich um eine somatoforme autonome Funktionsstörung

- In der DSM ist sie als eine Unterform der Panikstörung genannt

- 60% der Hyperventilationen tritt bei Angst auf

- Sie sind zu 95% psychisch bedingt

- Es wird zuviel Sauerstoff eingeatmet und zuviel Kohlendioxid aus, es kommt zu einem Kohlendioxidmangel im Blut, das Blut wird basisch

- Bei Hyperventilation hilft zum Beispiel Atmung in Papiertüte, Hand etc.

- In ICD-10 unter F45.33

- Hyperventilationstetanie ist ein krampfartiger Anfall (für Unerfahrene ähnelt dieser einem epileptischen Anfall) – hier ist eine Kalziumspritze zur Krampflösung angezeigt

- Es helfen Physiotherapie, Entspannungsverfahren, Antidepressiva

6. **Was können Sie zu den Hormonen, die Einfluss auf die Psyche haben, sagen?**

Antwort: Hierzu gehören die Hormone Serotonin, Adrenalin, Noradrenalin, Dopamin, Sexualhormone wie Testosteron und Östrogen.

- Adrenalin, Noradrenalin und geringfügig auch Dopamin werden im Nebennierenmark gebildet

- Sie haben Wirkung auf den Sympathikus (antagonistisch zum Acetylcholin)

- Diese Hormone beeinflussen das Herz-Kreislauf-System

- Serotonin ist ein Gewebshormon (der Vorläufer des Melatonins)

- Es nimmt Einfluss auf Stimmung, Schlaf-Wach-Rhythmus, Nahrungsaufnahme (Melatonin), Schmerzempfinden und Körpertemperatur

20 Quellenverzeichnis

- „Psychiatrie und Psychotherapie für Heilpraktiker", Jürgen Koeslin, Verlag Urban & Fischer, ISBN 978-3-437-57001-8

- „Psychiatrie fast", Tom Bschor, Steffen Grüner, Verlag Börm Bruckmeier, ISBN 978-3-89862-243-1

- „Psychiatrie in Frage und Antwort", Ralf-Michael Frieboes, Konstanze Spring, Anja Volz, Verlag Urban & Fischer, ISBN 978-3-437-43412-9

- „50 Fälle Psychiatrie und Psychotherapie", Klaus Lieb, Bernd Heßlinger, Gitta Jacob, Verlag Urban & Fischer, ISBN 978-3-437-43351-1

- „Internationale Klassifikation psychischer Störungen – ICD 10 Kapitel V", Dilling, Mombour, Schmidt, Verlag Hans Huber, ISBN 978-3-456-84558-6

- „Heilpraktiker für Psychotherapie – Superlearning" DVD, Karin Isikli, Verlag Karjas, ISBN 978-3-939603-03-0

- „Crash-Kurs Psychologie" DVD, Thomas Schnura, Jokers, ISBN 3-937932-03-8110

Herstellung und Verlag:
BoD - Books on Demand, Norderstedt
ISBN 978-3-7448-7526-4